W0034715

Doreen Virtue
Grant Virtue

HIMMLISCHE FÜLLE

DOREEN VIRTUE
GRANT VIRTUE

HIMMLISCHE FÜLLE

11 Engelbotschaften auf dem Weg
zu innerem Reichtum

Aus dem Amerikanischen
von Angelika Hansen

Allegria

Die Originalausgabe erschien 2014 unter dem Titel
ANGELS OF ABUNDANCE
im Verlag Hay House, Inc., Carlsbad, CA, USA

Allegria ist ein Verlag der Ullstein Buchverlage GmbH

ISBN: 978-3-7934-2288-4

Übersetzung: Angelika Hansen
Lektorat: Vera Baschlakow
Umschlaggestaltung: FranklDesign, München
Titelabbildung: Hay House Inc.
Gesetzt aus der Minion
Satz: Keller & Keller GbR
Druck und Bindearbeiten: CPI books GmbH, Leck
Printed in Germany

INHALT

FÜR GOTT,
DIE UNERSCHÖPFLICHE
QUELLE DER FÜLLE
FÜR JEDEN

DEN ENGELN
DER FÜLLE BEGEGNEN

Fülle ist unser naturgegebener spiritueller Seinszustand, denn wir sind stets von göttlichen Wesenheiten umgeben, die uns beschützen, umsorgen und uns helfen wollen, unser volles Potenzial zu verwirklichen. Diese Wesen haben viele Namen und unterschiedliche Aufgaben, doch meistens werden sie *Engel* genannt.

Fülle bedeutet in Wahrheit, dass wir ein *Gefühl* von Sicherheit und Geborgenheit empfinden. Fülle hat nichts damit zu tun, wie viel Geld Sie auf Ihrem Konto haben oder wie Sie mit Ihren Finanzen umgehen. Schließlich gibt es jede Menge reicher Menschen, die sich ständig um ihr Geld sorgen.

Fülle bedeutet einfach, dass Sie sich finanziell sicher fühlen, jetzt und in Zukunft. Dieses Gefühl von Sicherheit ist mit Gold nicht aufzu-

wiegen. Und natürlich gehört zur Fülle auch, dass Sie in der Lage sind, Ihre Rechnungen zu bezahlen.

Außerdem bezieht sich Fülle darauf, genug Zeit, inspirierende Ideen, unerschöpfliches Selbstvertrauen, viel Liebe und jede andere positive Voraussetzung zu haben, die Sie sich vorstellen können. Wenn Sie in den Strom der Fülle eintauchen, kommt sie in jeder denkbaren Form zu Ihnen – so vielfältig wie die Farben des Regenbogens.

Unser Schöpfer hat dafür gesorgt, dass alles in Fülle vorhanden ist, und er kreiert ständig neue Formen der Fülle. Fülle ist so natürlich, dass Sie zu außergewöhnlichen Maßnahmen greifen müssen, um ihren Fluss zu behindern! In diesem Buch werden Sie lernen, diese Sabotageakte zu identifizieren und zu stoppen, um einen Strom der Fülle zu genießen, den Sie mit Ihren Lieben und den Wohltätigkeitsorganisationen teilen können, die Ihnen am Herzen liegen. Sie werden den göttlichen Vertrag verstehen lernen, der dafür sorgt, dass Sie in jeder Beziehung unterstützt und versorgt sind, während Sie Ihre Lebensaufgabe erfüllen.

Sie – wie jeder von uns – haben eine sehr wichtige Aufgabe im Leben, die nur Sie vollbringen können. Diese Aufgabe ist ein Dienst, den zu erfüllen Sie sich in diesem Leben verpflichtet haben, um anderen zu helfen. Ihre Aufgabe äußert sich in einem Beruf oder einer Aktivität, die Sie von Natur aus genießen und als erfüllend empfinden. In der Regel hat Ihre Aufgabe mit etwas zu tun, wovon Sie träumen und wofür Sie andere bewundern, die in diesem Bereich tätig sind.

Auf unseren Reisen durch die ganze Welt haben wir Tausende von Individuen getroffen, die davon träumen, ihre Lebensaufgabe als Heiler, Lehrer, Künstler etc. zu erfüllen. Sie träumen davon, Kindern oder benachteiligten Menschen zu helfen, sich für die Umwelt oder eine gute Sache zu engagieren, die ihnen am Herzen liegt.

Leider ist es eine Tatsache, dass viele Menschen, die sich liebend gern einer guten Sache widmen würden, ihre Zeit und Energie in Jobs investieren, die für sie sinnlos oder sogar verheerend sind. Sie halten daran nur fest, um ihren Lebensunterhalt zu verdienen.

Darüber hinaus scheint der Reichtum in der Welt ungleich verteilt zu sein. Bedauerlicherweise benutzen einige der extrem reichen Menschen der Welt ihre finanzielle Macht auf eine Weise, die für Menschen, Tiere und Umwelt zerstörerisch ist.

Wir halten an einer Vision von spirituell eingestellten, ethisch motivierten und liebevollen Menschen fest, die genug Wohlstand und positiven Einfluss manifestieren, um damit Menschen, Tieren und der Umwelt zu *helfen*, anstatt ihnen Leid zuzufügen. Wir denken dabei an Menschen, denen es wichtiger ist, die Welt zu einem besseren Ort zu machen, als sich persönlich zu bereichern.

Stellen Sie sich vor, Sie hätten genug Geld, um Wohltätigkeitsorganisationen zu unterstützen und Ihrer Familie unter die Arme zu greifen. Stellen Sie sich außerdem vor, Sie müssten sich nie mehr Sorgen um Geld machen. Stellen Sie sich weiterhin vor, wie es wäre, sich finanziell

sicher und geborgen zu fühlen. Nun, Sie *können* diese Vorstellungen in der physischen Realität manifestieren. Tausende von Menschen haben es bereits getan, und Sie können es ebenso!

Wir haben beschlossen, dieses Buch zu schreiben, um Ihnen zu zeigen, wie Sie alle Hilfe und Unterstützung manifestieren können, die Sie zur Erfüllung Ihrer Lebensaufgabe benötigen. Sie müssen nicht leiden, um Geld zu verdienen! Sie können sich darauf fokussieren, Ihren Beitrag zur Welt zu leisten und gleichzeitig Ihrer Verantwortung nachzukommen. Egal, ob Sie mehr Geld, Zeit, Selbstvertrauen, Ideen, Beziehungen, Gelegenheiten oder andere Ressourcen brauchen: Wir werden Ihnen helfen, Ihre naturgegebene Fülle anzuzapfen.

Der Begriff *Engel der Fülle* bezieht sich auf die besonderen Engel, die dafür sorgen, dass unsere göttliche Mission hier auf Erden nicht durch Mangel jedweder Art beeinträchtigt wird. Die Engel wissen, dass wir materielle Unterstützung brauchen, um unsere Lebensaufgabe zu erfüllen, und sie sind in der Lage, uns hierbei zu helfen.

Es ist völlig in Ordnung, den Himmel in finanziellen Angelegenheiten und bei anderen materiellen Bedürfnissen um Hilfe zu bitten, damit wir uns ganz der Aufgabe widmen können, anderen zu helfen und sie zu heilen.

Mir selbst (Doreen) sind die Engel der Fülle zum ersten Mal begegnet, als ich bei einem Seminar in Colorado einer Teilnehmerin ein Reading gab. Die Frau stand auf und fragte mich, wie sie die Erfüllung ihrer Lebensaufgabe in Angriff nehmen könnte. Sie klagte darüber, keine Zeit zu haben, um ihren Traumberuf als Heilerin auszuüben. Sie erklärte, dass sie ihre ganze Zeit und Energie in einen Job investierte, der ihr weder Befriedigung noch Erfüllung brachte, sondern mit dem sie nur ihren Lebensunterhalt bestritt.

Im selben Augenblick sah ich eine Gruppe von Engeln im Umfeld dieser Frau, die signalisierten, dass sie ihr speziell bei der Befreiung aus ihrer finanziellen Falle helfen würden, damit sie mit ihrer Arbeit als Heilerin beginnen konnte. Diese Engel zeichneten sich durch besonders schnelle Bewegungen aus, und es schien, als würden sie das Energiefeld der Frau von Sorgen und Ängsten klären, die ihre wirtschaftlichen Probleme noch zusätzlich belasteten. Sie erinnerten mich an Arbeiter in einem Apfelgarten, doch anstatt Äpfel zu pflücken, entfernten sie Klumpen, die fett und schmutzig aussahen. Sie erklärten, dass diese Klumpen die Kulmination der ständigen Sorgen und Frustrationsenergien dieser Frau waren. Ich wusste, dass es sich bei diesen Engeln um Spezialisten handelte. In meinem Inneren tauchte der Name »Engel der Fülle« auf, den ich an meine Klientin weitergab.

Mithilfe von Pantomime und Worten, die ich verbal und in Form von Gedanken hörte, sagten die Engel der Fülle mir, dass die finanzi-

ellen Sorgen dieser Frau daher rührten, dass sie die Neigung hatte, sich finanziell zu verausgaben. Laut Aussage der Engel hatte sie hohe Kreditkartenschulden, weil sie versuchte, ihre Frustration durch Shoppingtouren zu kompensieren. Die Frau bestätigte, dass es sich genau so verhielt. Die Engel führten weiter aus, dass dieses zwanghafte Einkaufen ihr Versuch war, eine innere Leere zu überdecken. Dieses Gefühl der Leere war darauf zurückzuführen, dass sie innerlich unzufrieden und unausgefüllt war, weil sie nicht an ihrer Lebensaufgabe arbeitete. Das Ironische an diesem traurigen Kreislauf war, dass sie ihren Job beibehalten musste, um ihre Rechnungen bezahlen zu können, die dadurch zustande gekommen waren, dass sie beruflich keine Erfüllung fand.

Die Frau begann zu weinen, während sie bestätigend nickte. Sie, wie jeder Mensch, hatte bereits die Botschaften ihrer Engel gehört. (Wir alle hören sie!) Sie wusste, dass ihre Großeinkäufe völlig aus der Kontrolle geraten waren und die Zinszahlungen für ihre Kreditkarten sie in diesem unbefriedigenden Job gefangen hielten.

Sie versprach, sich professionellen Rat zur Entschuldung zu holen und überflüssige Kreditkarten zu entsorgen, um nicht weiter in Versuchung zu geraten, unnötige Dinge zu kaufen. Außerdem zeigten ihr die Engel gesunde Möglichkeiten auf, ihre innere Leere zu füllen, zum Beispiel durch Gebet, Meditation, Zeit in der freien Natur, kreative Tätigkeiten und indem sie nebenher als Heilerin arbeitete.

Seit jenem Reading habe ich im Namen vieler Klienten und Seminarteilnehmer weltweit Kontakt mit den Engeln der Fülle aufgenommen und ihre Lektionen gelernt, die in diesem Buch enthalten sind. Ich habe gesehen, wie die Engel die Energieklumpen finanzieller Sorgen und Verbitterung geklärt haben. Diese Klumpen sehen aus wie fettige Bälle aus Öl, ähnlich dem, das Sie unter einem Auto finden, dessen Öltank undicht ist. Das ist nicht unbedingt etwas, das Sie in Ihrem Energiefeld haben möchten, vor allem da diese öligen Klumpen genau das anziehen, wovor Sie Angst haben!

Mithilfe der Engel der Fülle sind Sie in der Lage, diese Toxine loszulassen und finanzielle Sorgen gar nicht erst aufkommen zu lassen. Darüber hinaus können Sie folgende spezialisierte Erzengel um Unterstützung bitten:

- ⊕ **Erzengel Raphael,** der Heilungsengel, der unsere emotionale, physische und geistige Gesundheit fördert, damit wir genug Energie haben, an unserer Lebensaufgabe zu arbeiten. Außerdem führt Erzengel Raphael Heiler und Menschen, die sich zum Heilen berufen fühlen, und hilft ihnen bei der Ausbildung und Arbeit.

- ⊕ **Erzengel Michael,** der uns beschützt und die Auswirkungen von Angst und Sorgen klärt. Zudem kennt Michael die Einzelheiten unserer Mission auf Erden und kann uns bei unseren nächsten Schritten auf unserem Weg führen.

⊕ **Erzengel Metatron**, der uns hilft, die universellen Energien zu verstehen und mit ihnen zu arbeiten – einschließlich sofortiger Manifestation – und uns zeigt, wie wir Zeit zu unseren Gunsten beeinflussen können.

⊕ **Erzengel Raziel**, der Blockaden und unbewusste Ängste beseitigt, die auf Erinnerungen aus vergangenen Leben basieren.

⊕ **Erzengel Jophiel**, der uns hilft, unsere Gedanken auf eine höhere Ebene zu heben und zu verschönern, damit wir die wundervollsten Erfahrungen anziehen.

Dies ist ein Buch über die Lektionen, die wir gelernt haben, und die Botschaften, die wir von den Engeln der Fülle empfangen durften. Heute wollen wir an *Sie* weitergeben, was die Engel der Fülle *uns* gelehrt haben. Jeder kann diese Techniken meistern und sie schnell und problemlos anwenden. Sämtliche in diesem Buch enthaltenen Informationen sind jedem von uns grundsätzlich bekannt. Wir kommen mit diesem Wissen auf die Welt, vergessen es jedoch im Laufe der Zeit. Allerdings vergisst es nicht jeder gleich schnell. Diese Informationen können ebenso gut durch Meditation und diszipliniertes Beten erhalten und neu erlernt werden. Manche Menschen würden es vorziehen, diese Informationen auf einfache Art und undogmatisch präsentiert zu bekommen, und wir werden unser Bestes versuchen, genau dies zu tun.

Ein sehr wichtiger Faktor, der nicht oft genug wiederholt werden kann, ist die Tatsache, dass wir alle die Möglichkeit haben, so großzügig und allumfassend unterstützt zu werden, wie wir es uns wünschen. Niemand von uns muss auch nur einen Tag länger unterdrückt und von Armut geplagt sein. Wir alle haben die Fähigkeit, so viel Geld zu verdienen, wie wir jemals brauchen werden, ohne unsere Seelen dafür verkaufen zu müssen. Und wir müssen nicht auf eine unaufrichtige oder unethische Art handeln, um reich zu werden. Tatsächlich ist diese Art des Handelns ein Garant dafür, dass der unmoralische Mensch, der diesen Reichtum angesammelt hat, ihn *verlieren* wird.

Manche Menschen in von Armut geplagten Kulturen haben vielleicht nie die Gelegenheit, diese Weisheit zu erlernen. Selbst wenn jemand versucht, sie ihnen beizubringen, werden sie vielleicht nicht an die Möglichkeit eines besseren Lebens glauben. Daher beten wir, dass Sie – während Sie die in diesem Buch enthaltenen Prinzipien anwenden – Ihren neu gefundenen Reichtum mit anderen teilen, die bedürftiger sind. Zudem ist Teilen ein Aspekt der Lektionen, den die Engel der Fülle besonders betont haben, wie Sie bald lesen werden.

In diesem Buch benutzen wir immer wieder spirituelle Begriffe wie *Gott, Himmel, der Schöpfer, das Universum* und *göttlicher Geist/Geist Gottes*. Je nach Belieben können Sie diese Begriffe modifizieren und durch solche ersetzen, die mit Ihren persönlichen oder auch religiösen

Glaubenssätzen übereinstimmen. Letzten Endes bedeuten sie alle das Gleiche: *Liebe*.

०० ०० ००

Himmlische Fülle ist für alle, die sich die Freiheit wünschen, unbefriedigende Jobs, ungute Beziehungen und andere Situationen hinter sich zu lassen, damit sie sich ganz der Aufgabe widmen können, zu helfen und zu heilen.

Und schließlich ist dieses Buch ganz besonders den Menschen gewidmet, die vor dem Kauf beim ersten Durchblättern dachten: *Das ist mir zu teuer!* Wenn Sie dieses Buch zu Ende gelesen haben, sollten Gedanken über Mangel und Begrenzung aus Ihrem Bewusstsein und Vokabular gestrichen sein.

Wir beten darum, dass Ihnen auf der Reise, die vor Ihnen liegt, viele Segnungen zuteilwerden. Der Mensch, der Sie sind, während Sie diese Einführung lesen, wird nicht derselbe sein wie der, der das Nachwort liest! Sie werden nicht in der Lage sein, dieses Buch zu Ende zu lesen, ohne dass Sie eine wunderbare Erfahrung machen, die Ihnen die Werkzeuge an die Hand gibt, Ihre Wünsche wirklich zu manifestieren. Wenn Sie uns nicht glauben, lesen Sie einfach weiter. Sie werden feststellen, dass Sie schon bald das Selbstvertrauen und Wissen besitzen, um alles zu erreichen, was Sie sich wünschen, und mehr!

Um Hilfe bitten

In der ersten Lektion der Engel der Fülle lernen Sie, um Hilfe zu bitten. Das leuchtet ein, denn solange Sie nicht bitten oder fragen, kann Ihnen niemand helfen, nicht einmal Gott. Das Überspringen dieses ersten Schritts ist der Grund, warum so viele Menschen grundlos leiden. Aufgrund des Gesetzes des freien Willens, das Ihr Recht respektiert, Ihren eigenen Lebensweg zu wählen, können Gott und die Engel nicht ohne Ihre Erlaubnis tätig werden. Das bedeutet, dass Sie um das bitten müssen, was Sie haben oder erreichen wollen.

Welche Hilfe auch immer Sie benötigen, Gott und die Engel sind stets bereit, Sie zu unterstützen. Kein Unterfangen ist zu groß oder zu klein für sie, um Ihnen nicht liebevolle Führung und Hilfe zu geben. Sie müssen einfach nur darauf vertrauen, dass sie helfen.

Manchmal fragen uns die Menschen, warum sie zu den Engeln sprechen sollen, wenn Gott doch so leicht erreichbar ist. Die Antwort lautet: Gott und die Engel sind eins – es gibt keine Trennung zwischen ihnen. Das Wort »Engel« bedeutet so viel wie »Bote Gottes«. Betrachten Sie Engel als Gedankenformen des Schöpfers. Wenn Sie mit Gott reden und ihm zuhören, senden und empfangen Sie die Energie der Engel. Gott ist darüber hinaus *eins* mit Ihnen, Jesus, den Heiligen und allen anderen Menschen.

Sie können die Engel auf viele verschiedene Weise um Hilfe bitten, es hängt allein von *Ihren Glaubenssätzen* ab. Engel sind überkonfessionell, uneingeschränkt und bedingungslos liebend. Sie sind Vertrauenspersonen, Vermittler und Boten des göttlichen Willens für Frieden. Engel können physische Gesetze außer Kraft setzen, um jenen zu helfen, die um ihre Hilfe bitten.

Als ich (Doreen) meine Bücher *Erzengel Michael* und *Erzengel Raphael* schrieb, war ich sehr beeindruckt von den Menschen, die mir ihre im wahrsten Sinne des Wortes wunderbaren Geschichten zur Veröffentlichung geschickt haben Jede Geschichte handelte von einem verzweifelten Menschen, der in seiner oder ihrer Stunde der Not die Eingebung hatte, sich an die Engel zu wenden. Ob es die Angst vor einer Krankheit war, ein Unfall, eine Attacke oder eine Invasion, jede dieser Personen hielt einen Augenblick inne und betete um Hilfe.

Ich bewundere diese Leute, weil es so leicht gewesen wäre, in dieser schrecklichen Situation loszuschreien oder zu fluchen. Doch anstatt aus Angst heraus zu reagieren, behielten sie die Fassung und beteten um göttliche Intervention. Und weil sie darum baten, wurde sie ihnen gewährt.

Manche Menschen fürchten sich davor, um Hilfe zu bitten, da sie das Gefühl haben, sie nicht zu verdienen. Sie glauben, sich perfekt wie ein Heiliger verhalten zu müssen, um die Hilfe des Himmels empfangen zu können. Wenn dem so wäre, würde *niemand* jemals Hilfe erfahren! Hilfe ist keine Belohnung; sie ist eine Wirkung. Ursache und Wirkung bedeuten, dass Sie etwas tun (die Ursache ist in diesem Fall das Bitten um Hilfe) – und dann tritt die Wirkung ein (Sie *erhalten* Hilfe).

Es spielt keine Rolle, *wie* Sie um die Hilfe des Himmels bitten, wichtig ist nur, *dass* Sie es tun. Sie können Gott, Jesus, Heilige, aufgestiegene Meister und die Engel mit einem traditionellen Gebet oder durch Meditation, Affirmationen, Visualisierungen, Musik, Schreiben oder jede andere kreative Aktivität anrufen. Sie können aber auch dem Himmel in einem Gespräch unter vier Augen Ihr Herz ausschütten und Ihre wahren Gefühle offenlegen. Es gibt viele Formen des Bittens. Wählen Sie die, die Ihnen am meisten zusagt.

Hier ist zum Beispiel ein Gebet, das Sie sagen können:

»Lieber Gott und Engel, ich brauche Hilfe bei
[erklären Sie Ihre Situation]. *Ich fühle* [beschreiben Sie Ihre wahren
Gefühle] *und bitte euch, mir und jedem anderen zu helfen,
der an dieser Situation beteiligt ist. Danke und Amen.«*

Gott weiß bereits, was Sie brauchen, was Sie fühlen und wobei Sie Hilfe benötigen. Der Grund, warum Sie beten, besteht darin, dass Sie sich innerlich läutern möchten und damit eine Befreiung zu erreichen. Wenn Sie Ihre Gefühle vollständig zum Ausdruck bringen, reduzieren Sie Ihre aufgestaute Stress-Energie. Es ist so, als würde man Luft aus einem zum Platzen gefüllten Ballon herauslassen. Wenn Sie über Ihre Gefühle sprechen, können Sie Erkenntnisse über den Grund Ihrer Wut oder Angst gewinnen und Lösungen entwickeln. Des Weiteren ist nach dem Gesetz des freien Willens das Bitten um Hilfe erforderlich, damit der Himmel intervenieren kann. Dies ist eines der universalen Gesetze, nach denen alles funktioniert. Uns wurde ein freier Wille gegeben, um Entscheidungen zu treffen, damit wir lernen und wachsen können.

Ihr Gebet könnte formal und traditionell sein oder frei aus Ihrem Herzen fließen. Sie können Ihr Gebet laut sagen oder in Gedanken formulieren (da der Himmel Ihre Gedanken hören kann). Sie können das Gebet in Form eines Briefes an Gott und die Engel schreiben. Sie können Ihr Gebet zum Himmel empor singen. Sie dürfen sogar, in einem Moment der Frustration, Ihr Gebet hinausschreien!

KRISTALLKLARE INTENTIONEN

Tatsächlich werden in den Momenten, in denen Sie wütend sind, Ihre Gebete oft umgehend beantwortet. Der Grund dafür besteht darin, dass Ihre Frustration Ihnen hilft, sich auf das zu fokussieren, worum Sie bitten, und es einfach herausströmen zu lassen. Die Engel der Fülle haben uns gelehrt, wie wichtig es ist, »kristallklare Intentionen« zu haben. Mit anderen Worten: Genau zu wissen, was Sie wollen.

Manifestationen werden blockiert, wenn Sie ständig Ihre Meinung ändern. Vielleicht sind Sie nicht sicher, was es ist, das Sie glücklich machen wird; oder Sie kämpfen mit dem Gefühl, es nicht verdient zu haben. Bei manchen Menschen sind negative Glaubenssätze so hartnäckig verankert, dass sie keinerlei Vertrauen haben, ihre Wünsche jemals erfüllt zu bekommen.

Wir wollen uns gemeinsam anschauen, wie diese Blockaden geheilt werden können.

WENN MAN NICHT WEISS, WAS MAN SICH WÜNSCHEN SOLL

Es ist völlig in Ordnung, wenn Sie die Einzelheiten nicht kennen und daher nicht wissen, um was Sie genau bitten sollen. Stattdessen können Sie um ein bestimmtes *Gefühl* bitten. Zum Beispiel sich sicher zu fühlen, finanziell versorgt, respektiert, geachtet, erfüllt und Ähnliches.

Die Bedingungen, die diese Gefühle hervorrufen, werden von Gottes unendlicher Weisheit geführt sein. Sie müssen sich daher keine Sorgen um die Details machen.

DIE ANGST,
UM DAS »FALSCHE« ZU BITTEN

Unser Rezept gegen diese Angst besteht darin, Ihrer Bitte um Hilfe folgendes Gebet hinzuzufügen:

»Dies oder etwas Besseres, lieber Gott.«

Dieses kurze Gebet bekräftigt, dass Gottes Wille noch Besseres für Sie vorgesehen hat, als Sie sich vorstellen können. Sie wären vielleicht bereit, sich mit weniger zufriedenzugeben. Gott, Ihr liebevoller Vater mit unendlichen Ressourcen, möchte aber, dass Sie ganz im Frieden und erfüllt sind.

Also bitten Sie um das, was Sie sich wünschen, doch lassen Sie viel Raum für Gott, um Ihr Gebet zu erweitern und auszubauen. Darüber hinaus haben wir wunderbare Erfahrungen mit Gebeten um Führung in Bezug auf das gemacht, worum Sie bitten sollen. Bitten Sie um alles, wobei Sie Hilfe brauchen – einschließlich um Hilfe *bei der Bitte* um Hilfe!

DIE FURCHT, HIMMLISCHE HILFE
NICHT ZU »VERDIENEN«

Manchmal ist diese Furcht auf die Lehren etablierter Religionen zurückzuführen, die Angst und Schuldgefühle fördern. Wenn Sie in dem Glauben aufgewachsen sind, dass nur besondere oder heiligmäßige Menschen Gottes Gunst gewinnen, sprechen Sie in einem Gebet direkt mit Gott. Bilden Sie sich dann Ihre eigene Meinung. Mit Gott direkt Verbindung aufzunehmen ist unser aller Geburtsrecht. Gott, der allumfassende grenzenlose Liebe ist, liebt Sie bedingungslos. Sie müssen Gottes Liebe und Hilfe nicht verdienen, da sie uns allen jederzeit frei gewährt wird, ohne dass wir bestimmte Qualifikationen haben müssen.

Manche Menschen machen sich klein, weil ihre Selbstachtung gering ist. Sie fürchten, andere mit ihren Problemen zu belästigen, einschließlich Gott. Also leiden sie im Stillen. Ist es nicht tröstlich, sich zu erinnern, dass Gott allgegenwärtig ist (überall und bei jedem von uns gleichzeitig)? Ist es nicht hilfreich zu wissen, dass es absolut unmöglich ist, Gott mit Ihren Bitten zu »belästigen«, da die unendliche Weisheit des Schöpfers allwissend ist?

DIE ANGST, »EGOISTISCH« ZU SEIN

Wenn man Ihnen beigebracht hat, niemals um etwas für sich selbst zu bitten, kann es sein, dass Sie zögern, wenn es darum geht, den Himmel um Hilfe zu bitten. Sie können die Angst, egoistisch zu sein, umwan-

deln, indem Sie sich in Erinnerung rufen, wie viel Gutes Sie mit Ihrer neu gefundenen Fülle tun können. Je mehr Sie empfangen, desto mehr sind Sie in der Lage zu geben. Etwas zu bekommen bedeutet nicht, dass Sie einem anderen etwas wegnehmen. In spiritueller Wahrheit gibt es eine unendliche Quelle, aus der alles fließt, was wir Menschen uns je vorstellen können. *Sie* werden vielleicht derjenige sein, der bei der gleichmäßigen Verteilung von Reichtum eine wichtige Rolle spielt!

Unglaube und Zweifel

Wenn Sie nicht daran glauben, dass Ihre Gebete erhört werden, werden Sie unter Umständen gar nicht erst beten. Vielleicht waren Sie in der Vergangenheit enttäuscht, weil sich Ihre Wünsche nicht erfüllt haben. Also schützen Sie sich vor weiteren Enttäuschungen, indem Sie gar nicht erst um irgendetwas bitten.

Sie können diese Haltung überwinden, indem Sie sich auf die vielen Male fokussieren, als Ihre Gebete *tatsächlich* beantwortet wurden. Denken Sie an eine Situation, als Sie angenehm überrascht waren, weil Sie genau das erhielten, worum Sie gebeten hatten. Bitte lassen Sie nicht zu, dass Ihre herben Enttäuschungen all die kleineren Wunder überdecken, die Ihnen zuteilgeworden sind.

Glaube hilft uns, mit den Enttäuschungen des Lebens fertig zu werden. Es ist wichtig, dass wir unseren Glauben lebendig halten, selbst wenn es keinen Grund dafür zu geben scheint.

Optimismus ist die positive Energie, die sowohl finanzielle Fülle als auch alle anderen guten Dinge in Ihr Leben bringt. Ohne Glauben und Optimismus kann es sein, dass Sie die Antwort auf Ihre Gebete verpassen! Sie stärken Ihren Glauben, indem Sie Erzengel Michael, den Engel des Mutes und der Kraft, bitten, in Ihren Träumen zu Ihnen zu kommen. Wenn Sie schlafen, schläft auch Ihr Ego und kann daher Ihre göttliche Führung nicht übertönen.

Sprechen Sie vor dem Einschlafen im Stillen oder mit lauter Stimme folgendes Gebet:

»Lieber Gott und Erzengel Michael, bitte komm heute Nacht
in meinen Träumen zu mir und kläre alle Ängste,
die in der Vergangenheit meinen Glauben blockiert haben.
Bitte belebe, erneuere und frische meinen Glauben auf, damit ich
dir und meiner inneren Führung vertrauen kann. Amen.«

WIE SIE IHRE WÜNSCHE DEUTLICH MACHEN KÖNNEN

Vielleicht fürchten Sie, um das Falsche zu bitten. Oder es könnte sein, dass Sie Ihre Meinung darüber ändern, was Sie haben oder erreichen wollen. Vergessen Sie nicht, dass Gott bereits weiß, was Sie wollen – und dass er auch weiß, was das »Höchste und Beste« für Sie ist.

Aufgrund des Gesetzes des freien Willens müssen Sie jedoch um Hilfe bitten, bevor sie gewährt werden kann, wie wir schon erläutert hatten.

Den Himmel um Hilfe zu bitten ist genau so, als würden Sie im Restaurant ein Essen bestellen. Wenn Sie ein Avocado-Sandwich haben möchten, dann werden Sie genau das bekommen. Doch wenn Sie nicht sicher sind, was Sie bestellen sollen, hilft die Frage: »Was würden Sie empfehlen?«

Auf die gleiche Weise können Sie Ihre Augen schließen, ein paar tiefe Atemzüge nehmen und laut oder im Stillen sagen:

> *»Lieber Gott, danke, dass du alle meine irdischen*
> *Bedürfnisse erfüllst. Ich bitte dich, mich weiterhin klar zu*
> *allem zu führen, was ich brauche, um meine Aufgabe erfüllen*
> *zu können und in der Lage zu sein, mir und meinen Lieben*
> *ein gesundes Leben zu ermöglichen. Amen.«*

Während Sie dieses Gebet sprechen, achten Sie auf Ihre Gedanken, Gefühle oder Visionen selbst in ihren feinsten Nuancen. Diese Impressionen sind Antworten auf Ihre Gebete, die Ihnen zeigen, was Sie brauchen, und Sie entsprechend führen. Sie sind das himmlische Äquivalent der Empfehlungen, die Sie erhalten, wenn Sie im Restaurant um Rat bei Ihrer Bestellung bitten.

Falls Sie keinerlei Eindrücke wahrgenommen haben, werden sie Ihnen einfallen, sobald Sie in einem entspannten Zustand sind, zum Beispiel in der Meditation, auf einem Spaziergang in der freien Natur, während einer Massage, beim Einschlafen oder Aufwachen. Jede Bitte, jedes Gebet wird beantwortet, auch wenn es manchmal eine Weile dauern kann, bis uns die Antwort tatsächlich klar wird.

WIE OFT
BITTEN SIE UM ETWAS?

Sie müssen nur einmal bitten. Sie würden ja auch dem Kellner nicht in die Küche folgen und ihn ständig an Ihr Avocado-Sandwich erinnern. Und Sie müssen den Himmel nur einmal um etwas bitten, damit das Gesetz des freien Willens in Kraft treten kann.

Es ist kein Problem, wenn Sie *mehr* als einmal um etwas bitten. Sie können so oft bitten, wie Sie möchten. Wichtig ist zu wissen, dass es *nicht nötig* ist.

Wenn Sie jedoch – und dies ist ein wichtiges und ernst zu nehmendes Problem – von Zweifeln, Ängsten, Unsicherheiten und Pessimismus bezüglich der Antwort auf Ihr Gebet übermannt werden, sollten Sie auf jeden Fall um eine Stärkung Ihres Glaubens bitten.

BLEIBEN SIE ZUVERSICHTLICH!

Glaube und Vertrauen sind essenziell, damit Sie sich nicht selbst blockieren und verhindern, das zu empfangen, worum Sie gebeten haben. Ansonsten werden Sie vielleicht das Restaurant verlassen, bevor Ihr Avocado-Sandwich geliefert wird! Sprechen Sie folgendes Gebet:

>*»Lieber Gott, bitte hilf mir, Glauben, Vertrauen,*
>*Hoffnung und Optimismus zu haben.«*

Außerdem können Sie vor dem Einschlafen Erzengel Michael bitten, in Ihren nächtlichen Träumen zu Ihnen zu kommen. Vergessen Sie nicht, dass es sich bei Michael um einen überkonfessionellen, bedingungslos liebenden und allgegenwärtigen Engel handelt, der Ihnen helfen wird, Ihre Angst loszulassen.

Vor dem Einschlafen sagen Sie laut oder im Stillen:

>*Erzengel Michael, ich bitte dich, heute Nacht in meine Träume*
>*zu kommen und alles zu klären, was mich daran hindert,*
>*aus ganzem Herzen zu glauben.«*

Wenn Sie schlafen, ignoriert Ihr Ego die göttliche Führung nicht, so wie es vielleicht im Wachzustand der Fall wäre.

Sobald Sie Erzengel Michael in Ihre Träume eingeladen haben, wird er liebevoll und zuverlässig wie ein Schornsteinfeger in Aktion treten, um alles Ungesunde aus Ihrem Bewusstsein und Ihren Emotionen zu beseitigen. Unter Umständen wachen Sie während dieses Vorgang sogar kurz auf und spüren die Entgiftung, die er vornimmt.

Am nächsten Morgen werden Sie sich auf positive Weise verändert fühlen. Vielleicht hat dieser Prozess Sie ein wenig ermüdet, doch bald werden Sie mit Freuden merken, wie Ihre Hoffnung und Ihr Glauben neu erwacht sind. Und sobald Glauben und Vertrauen wiederhergestellt sind, können Sie voller Zuversicht weitergehen!

»GOTT, ICH DANKE DIR FÜR ...«

Wie oben erwähnt, spielt es keine Rolle, *wie* Sie um die Hilfe des Himmels bitten, sondern nur, *dass* Sie es tun. Studien zeigen, dass Gebete aller Konfessionen messbare positive Wirkungen zeitigen. Diese Studien haben den »Placeboeffekt« des positiven Denkens ausgeschlossen, indem sie die bemerkenswerte Wirkung von Gebeten auf Pflanzen, Kleinkinder und Tiere bewiesen haben.

Interessanterweise scheinen diese Studien anzuzeigen – und unsere eigenen Untersuchungen bestätigen diese Annahme –, dass »affirmative Gebete« einen leichten Vorteil gegenüber »Bittgebeten« haben. Hier ist die Bedeutung dieser beiden Begriffe:

✤ Es handelt sich um ein *Bittgebet*, wenn Sie damit um Hilfe ersuchen. Sie bitten, flehen, plädieren und fordern himmlischen Beistand. Manchmal wird diese Form des Gebetes ruhig vorgetragen und manchmal mit großer Intensität. Ein Bittgebet ist besonders wirksam, wenn Sie am Ende Ihrer Kräfte sind und ganz genau wissen, was Sie brauchen. Selbst das simple Wort *Hilfe!* wird Auswirkungen haben.

✤ Um ein *affirmatives Gebet* handelt es sich, wenn Sie Gott für die Hilfe danken, die Sie erbitten. Sie bringen damit das volle Vertrauen zum Ausdruck, dass Ihre Gebete beantwortet werden beziehungsweise bereits beantwortet wurden. Sie sagen: »*Ich danke dir, Gott, für* [tragen Sie das Entsprechende ein].«

DIE MACHT DES GEBETES

Jede Form von Gebeten bringt den Engeln Freude. Als ergebene und liebevolle Boten Gottes jubeln die Engel über jeden Versuch, den wir machen, unserem Schöpfer näherzukommen.

Wenn Ihnen der Gedanke zu beten aufgrund von Erfahrungen in der Vergangenheit unangenehm ist, ermutigen die Engel Sie, dieses Gespräch mit Gott jetzt neu zu beginnen. Wenn Sie dies auf Ihre ganz eigene Art tun, werden Sie einen riesigen Schritt hinsichtlich der Hei-

lung aller noch vorhandenen Schmerzen unternehmen, die Ihnen vielleicht das Herz schwer machen. Die Macht des Gebetes ist grenzenlos.

Es ist wichtig festzuhalten, dass wir nicht direkt zu den Engeln beten – auch nicht zu den Engeln der Fülle. Das würde keinen Sinn ergeben, da sie für Gott das sind, was unsere Arme und unser Mund für uns sind: wichtige Aspekte, aber nicht das Ganze. Wir beten Engel nicht an.

Wenn das Thema dieses Kapitels Sie verwirrt, so stehen Sie damit nicht allein da. Für viele Menschen ist das Beten eine Art Krisenplan, der nur in Notfällen anzuwenden ist. Ein Gebet zu sprechen, nur um etwas so Alltägliches wie mehr Geld, einen besseren Job oder eine Beförderung zu erbitten, mag einigen als kleinlich und anderen sogar als reine Blasphemie erscheinen. Glücklicherweise verhält es sich aber nicht so.

Beten ist eine der machtvollsten Methoden, um das im Leben zu erreichen, was wir erreichen wollen. Wir wurden von einem göttlichen Wesen auf die Erde geschickt, zusammen mit allem und jedem, das existiert. Es leuchtet daher ein, dass alles in Griffweite dieses Schöpfers ist und uns zuteilwerden kann, wenn wir darum bitten und es zu unserem eigenen Besten ist, diese Dinge zu empfangen oder zu erreichen.

Wir alle haben einen freien Willen, im Guten wie im Bösen. Das bedeutet, dass die himmlischen Kräfte nicht immer die Freiheit haben, in unserem Namen zu intervenieren, selbst wenn das Göttliche genau

weiß, was am besten für uns ist. Wenn das Göttliche aus irgendeinem Grund entscheidet, den roten Teppich der Fülle und des Wohlstands für uns auszurollen: Welche Lektionen würden wir lernen, und wie könnten wir daran wachsen? Es bedeutet nicht, dass wir ein Leben voller Mangel und Leiden führen müssen, um zu lernen, doch was wir *auf jeden Fall* lernen müssen, ist, um die guten Dinge in unserem Leben zu bitten.

Dieses Bitten kann auf verschiedene Weise erfolgen. In mancher Hinsicht ist harte Arbeit eine Form des Bittens, denn damit zeigen wir, dass wir willens sind, viel Mühe in das zu stecken, was wir erreichen wollen. Jeder von uns muss diesen ersten Schritt machen, um dem Göttlichen auf halbem Wege entgegenzukommen, und wir müssen selbst entscheiden, welche Art uns am angenehmsten ist.

Wenn wir beten, begeben wir uns in eine Konversation mit unserer göttlichen Quelle und erhalten die Gelegenheit, einer höheren Macht zu erlauben, für unser Wohlergehen zu sorgen.

Die Art und Weise, wie Sie beten, ist Ihnen allein überlassen. Sie können zu jedem göttlichen Wesen der Liebe und des Lichts beten, zu dem Sie sich hingezogen fühlen. Es kann ein stilles Gebet sein, ein einfaches, kurzes, ein wortreiches und mit lauter Stimme gesprochenes oder eine ernste, feierliche Hymne bei Kerzenlicht. Sie haben die Freiheit zu wählen, ob Sie in der relativen Enge eines Tempels oder einer Kirche beten wollen oder in der freien Natur. Egal, für welche Methode

Sie sich entscheiden, das Resultat wird immer das Gleiche sein. Manche traditionellen Religionen haben sehr spezifische Richtlinien, wie man beten soll. Wenn Sie diese Vorgaben aus freiem Willen befolgen, dann ist das völlig in Ordnung. Sie dürfen aber auch mit der Konvention brechen und so beten, wie es Ihnen am liebsten ist.

Wenn Sie um Fülle bitten, ist es nicht unbedingt erforderlich, das zu visualisieren, was Sie wollen. Das Göttliche weiß genau, was Sie sich wünschen. Ihr Verstand ist in der Regel eine sehr sichere Schranke, doch wenn es ums Beten geht, ist er eher wie ein offenes Buch. Zu Ihrem eigenen Besten sollten Sie vielleicht kontinuierlich das Ziel visualisieren, das Sie erreichen wollen, da es hilft, Ihren Geist zu fokussieren (wie in späteren Kapiteln näher erklärt wird). Seien Sie jedoch nicht zu streng mit sich, wenn es Ihnen nicht jedes Mal gelingt.

Beten ist eine sehr erfolgreiche Methode, wenn Ihnen keine anderen Möglichkeiten zur Manifestation zur Verfügung stehen. Da Gebete direkt an die himmlische Quelle gerichtet werden, stellt Beten die machtvollste und wirksamste aller Praktiken dar.

Wenn es um Visualisierungen geht, stellt sich die Frage nie, ob sie funktionieren oder nicht, sondern nur, *wie schnell* es gehen wird. Aus diesen Gründen ist es zwar völlig in Ordnung, nur zu beten, doch ist eine Kombination aller Methoden empfehlenswert.

Wenn Sie feststellen, dass Beten am effektivsten ist und Sie sich nicht mit anderen Methoden abgeben wollen, dann ist das auch in Ordnung.

Sie sind der Einzige, der weiß, worum es geht, also wird Sie nie jemand dafür verurteilen, nicht alle Ihre Werkzeuge zu benutzen, wenn Sie eines den anderen vorziehen.

Nach unserer Erfahrung fürchten manche Menschen, das göttliche Wesen, das sie um Hilfe bitten, zu »belästigen«. Diese Befürchtung ist völlig unnötig. Ihr Schöpfer wartet sehnlichst darauf, Ihnen zu helfen, und jede Art der Kommunikation Ihrerseits ist jederzeit willkommen. Die Kraft der Liebe, die Ihnen von Ihrem göttlichen Schöpfer entgegengebracht wird, ist überwältigend. Je mehr Sie beten, desto mehr werden Sie sich geliebt fühlen. Es wird nicht lange dauern, bis Sie sich beruhigt und unterstützt fühlen werden, und die Bitte um Hilfe wird Ihnen zur zweiten Natur.

Manche Menschen haben das Gefühl, dass sie für den göttlichen Beistand etwas zurückgeben müssten. Seien Sie beruhigt: Das wird nicht von Ihnen verlangt. Es ist wunderbar, liebevolle und freundliche Dinge zu tun, die Ihnen ein gutes Gefühl geben, aber Verhandeln ist nicht Teil des Betens. Wir wollen Sie natürlich nicht davon abhalten, gute Werke zu tun, wenn Sie sich dazu angeleitet fühlen. Doch Sie müssen sich nicht im Gebet dazu verpflichten.

Beten ist *die* Methode, die wir mehr als jede andere benutzen. Der Grund dafür ist nicht, dass wir Beten als effektiver betrachten, sondern es ist für uns (Doreen und Grant) am angenehmsten. Wir haben jedoch sehr gute Freunde, denen Beten nicht ganz so zusagt, und sie benutzen

mit großem Erfolg andere Methoden. Sobald wir die Methode gefunden haben, die uns am meisten entspricht und sie anwenden, haben wir grundsätzlich mehr Erfolg damit.

Ein typisches Gebet um Fülle, das ich (Grant) benutze, lautet ungefähr so:

>*Gott, ich wünsche mir genug Zeit, um zu lehren und zu schreiben.*
Ich fühle das Bedürfnis, mehr Geld zur Verfügung zu haben,
sodass ich mich verstärkt auf diese Projekte fokussieren kann,
anstatt für jemand anderen arbeiten zu müssen.
Bitte hilf mir, mehr Geld zu verdienen, damit ich mehr
Menschen erreichen kann. Danke.«

Dies ist ein ziemlich einfaches Beispiel, aber eines, das in den meisten Fällen das gewünschte Ergebnis bringt. Entscheidend ist, dass es von Herzen kommt und ehrlich gemeint ist. Sie können das Gebet noch einfacher gestalten, indem Sie zum Beispiel sagen: »Bitte hilf mir, mehr Geld zu bekommen.«

Sie können es natürlich auch auf die komplizierte Art tun. Am wichtigsten ist, wie wir bereits erwähnten, dass Sie in Ihrem Gebet ehrlich sind. Wenn Sie echtes Vertrauen besitzen und Ihr Gebet ein ehrlicher Ausdruck Ihres Glaubens daran ist, dass Sie das Gewünschte bekommen, können und werden Wunder geschehen. Wenn Sie den Himmel

jedoch nur auf die Probe stellen wollen, um zu sehen, ob diese Sache mit dem Beten wirklich funktioniert, kann es sein, dass das Resultat nicht ganz so lohnend ausfällt.

Sollten Sie sich zu irgendeinem Zeitpunkt bei dem Versuch unwohl fühlen, mithilfe von Gebeten Fülle zu manifestieren, ist es dringend geboten, damit aufzuhören. Sie sollten diese Methode nur anwenden, wenn sie sich für Sie wahr anfühlt und Sie innerlich im Frieden damit sind. Ist dies nicht der Fall, sollten Sie diese Methode auf keinen Fall benutzen und stattdessen einen anderen Weg finden. Von den drei am meisten angewandten Methoden zur Manifestation – Gebet, Visualisierung und Affirmationen – führt Beten bei Anfängern in der Regel zu größerer Bestürzung oder Verwirrung, da die institutionalisierten Religionen Regeln für die Durchführung und Anwendung aufgestellt haben. Wenn diese Praktiken und Religionen auch ihren Platz haben, gehen sie in manchen Fällen mit dem Preis des Verlustes bestimmter persönlicher Freiheiten einher.

Die Macht des Gebetes kann für mehr als nur den Wunsch nach finanzieller Fülle genutzt werden. Tatsächlich wäre dies eine seiner weniger wichtigen Aufgaben. Wenn auch die Manifestierung von Fülle der primäre Fokus dieses Buches ist, werden Sie – sobald Sie sich mit der Praxis des Betens vertraut gemacht und erste Erfolge damit erzielt haben – mit ziemlicher Sicherheit feststellen, dass sich jeder Bereich Ihres Lebens zusehends verbessert.

Der erste nicht-finanzielle Bereich, in dem Menschen eine Verbesserung erleben, ist ihre Gesundheit. Seien wir ehrlich: Ihre Gesundheit ist Ihr wahrer Reichtum und daher von großer Bedeutung. In gewisser Weise sind gesundheitliche Verbesserungen der wichtigste Segen von Gebeten, und sie werden zu diesem Zweck von Menschen auf der ganzen Welt seit Jahrhunderten erfolgreich benutzt. In letzter Zeit haben sich viele Studien mit der Wirksamkeit von Gebeten im Bereich der Medizin beschäftigt. Die meisten Studien kamen zu dem Ergebnis, dass Gebete tatsächlich eine Wirkung haben, selbst wenn der, dem die Gebete gelten, nicht weiß, dass für ihn gebetet wird, während die Personen, die beten, nicht wissen, für *wen* sie das tun.

Diese Untersuchungen haben zudem einige andere interessante Erkenntnisse geliefert, besonders in Fällen, in denen Gebete *keine* Wirkung zeigten. Es mag befremdlich erscheinen, an der Fehlerquote einer Praktik interessiert zu sein, doch in diesem Fall hat es zu einigen positiven Entwicklungen geführt. Der Hauptgrund für das Versagen – zu diesem Schluss sind zumindest die Studien gekommen – besteht darin, dass die Gebete ohne den Glauben an ihre Effektivität benutzt wurden.

Ein unaufrichtiges Gebet ist ungefähr genauso wirkungsvoll wie *kein* Gebet. Manche Untersuchungen haben gezeigt, dass Symptome sich verschlechterten, wenn das Gebet unehrlich war, doch ist anzunehmen, dass diese Daten verzerrt sind. Es ist höchst unwahrschein-

lich, dass eine machtvolle Energie, die positiv auf liebevolle Gebete reagiert, einen kranken Menschen für die Aktionen eines anderen bestraft.

Aus diesem Grund sollten Sie beim Beten zumindest immer aufgeschlossen bleiben. Aufrichtigkeit bedeutet nicht, dass Sie bestimmte religiöse Glaubenssätze übernehmen oder anfangen müssen, regelmäßig zu beten. Es impliziert auch nicht, dass Sie jedem sagen müssen, was Sie tun. Und es meint mit Sicherheit nicht, dass Sie Ihr Leben ändern müssen, wenn Sie sich nicht zum Beten angeleitet fühlen. Aufrichtigkeit bedeutet nichts anderes, als dass Sie glauben, ein ehrliches Gespräch mit einer höheren Macht zu führen, und zu vertrauen, dass diese Macht die Fähigkeit hat, Ihnen zu helfen.

WUNDER DER FÜLLE

Als ich (Doreen) eine junge Mutter mit einem geringen Einkommen war, habe ich mithilfe von affirmativen Gebeten wahre Wunder an Fülle erlebt. Eines Tages, als wir besonders knapp bei Kasse waren und Lebensmittel brauchten, sagte ich: »*Danke, Gott, für das Geld, um die Lebensmittel zu bezahlen.*« Ich schaute nach unten, und vor meinen Füßen lag ein Hundert-Dollar-Schein, wie vom Himmel gesandt! Ich ging sofort in den Supermarkt und kaufte – dank Gott – alles Nötige für meine Familie ein.

Viele Male habe ich diese Erfahrung gemacht, dass unerwartet Geld als Antwort auf affirmative Gebete eintraf. Einmal schrieb ich einen Brief an Gott und dankte ihm, dass er genug Geld bereitstellte, damit ich meine Strom- und Wasserrechnung bezahlen konnte. Ich legte diesen Brief mit der Schrift nach oben auf einen Tisch neben dem Platz, wo ich immer betete und meditierte. Eine Woche später erhielt ich einen Rückvergütungs-Scheck, exakt so viel wie ich brauchte, um meine Rechnungen zu bezahlen!

Ein anderes Mal wollte ich ein Geschenk für eine liebe Freundin kaufen. Ich fand einen Schal, der genau zu ihr passte und von dem ich wusste, dass er ihr gefallen würde. Doch der Laden nahm nur Bargeld an, und ich hatte nicht so viel dabei, um den Schal zu bezahlen, sondern nur Kreditkarten und mein Scheckbuch, und beides lehnte die Verkäuferin ab. Also nahm ich meine Geldbörse in die Hand und sagte: »*Danke, Gott, dass ich genug Cash in meinem Portemonnaie habe, um jetzt sofort das Geschenk für meine Freundin kaufen zu können.*« Dann öffnete ich mein Portemonnaie, und was soll ich sagen, drin steckten zwei Zwanzig-Dollar-Scheine, obwohl ich genau wusste, dass sie vorher nicht da waren. Ich konnte das Geschenk für meine Freundin kaufen und lernte gleichzeitig eine wertvolle Lektion in Bezug auf die Macht des Glaubens und Betens!

Im Laufe der Jahre sind uns viele Menschen begegnet, die Wunder der Fülle erfahren haben, nachdem sie den Himmel um Hilfe gebeten

hatten. Vergessen Sie nicht, es ist nur *die Liebe* zum Geld, vor der uns die Bibel warnt. Solange Sie um Geld beten, damit Sie Ihre Rechnungen bezahlen können, und wenn Sie bereit sind, Ihren Teil dazu beizutragen und ein guter Mensch sind, ist es nie verkehrt, um himmlische Unterstützung zu bitten. Es ist im wahrsten Sinne des Wortes Manna, das vom Himmel fällt!

Die wunderbare Bergpredigt verspricht uns, dass Gott alle unsere Bedürfnisse erfüllt, und genau so ist es! Je mehr Sie sich selbst gestatten, diesen Schatz zu empfangen, desto mehr werden Sie zur Verfügung haben, um ihn mit anderen zu teilen.

ZUSAMMENFASSUNG

Das Gesetz des freien Willens gilt immer, für jeden und alles. Dieses Gesetz besagt, dass Sie einen freien Willen haben, um eigenständige Entscheidungen zu treffen. Niemand kann ohne Ihre Erlaubnis bei Ihren Entscheidungen intervenieren. Doch obwohl Gott bereits weiß, was Sie möchten und brauchen, müssen Sie um die Hilfe des Himmels bitten, bevor sie Ihnen zuteilwerden kann.

Vergessen Sie nie: Es spielt keine Rolle, *wie* Sie bitten, nur *dass* Sie es tun.

DAS *WIE* IST ALLEIN GOTTES SACHE

Bedenken Sie bitte: Ihre Angst, auf welche Weise Ihre Gebete beantwortet werden, kann unter Umständen verhindern, dass Sie Fülle empfangen. Ihre positive Arbeit mit Gebeten, Visualisierung und Manifestation sieht dann so aus, als würden Sie Vollgas geben, während Ihre Ängste wie ein Bremspedal wirken. Das führt dann dazu, dass Sie sich nicht von der Stelle bewegen.

Eine Hauptursache dieser Sorgen und Ängste ist der Ego-Verstand (der misstrauische und ängstliche Teil von uns), der herauszufinden versucht, *wie* sich alles entwickeln wird. Das Ego will jede Einzelheit darüber wissen, in welcher Weise diese Fülle zu Ihnen kommen wird. Das Ego will absolut zuverlässige Lösungen und Zusicherungen, dass alles wunschgemäß sein wird.

Der Grund dafür liegt darin, dass das Ego die völlige Kontrolle haben will. Keine Frage: Das Ego ist die Basis aller Probleme, die aus dem Kontrollzwang resultieren. Es ist das Gegenteil von Glauben und Vertrauen. Da Gott reiner Glaube ist und Sie als Ebenbild Gottes erschaffen wurden, sind *auch Sie* in spiritueller Wahrheit reiner Glaube. Sie sind nicht das Ego, Sie machen sich keine Sorgen, und in spiritueller Wahrheit haben Sie keine Probleme mit Kontrolle.

Das Ego kann jedoch sehr laut und aufsässig werden, wann immer es spürt, dass es die Kontrolle über Sie verliert. Das Ego wird versuchen, Ihnen den Glauben auszureden, dass Gott Ihnen alles bereitstellen wird, was Sie und Ihre Lieben benötigen

Sie können hier und jetzt mit dieser Dynamik in Berührung kommen, indem Sie affirmieren:

> *»Danke, Gott, dass du mir und meiner Familie*
> *mit deiner liebevollen Hilfe alles bereitstellst,*
> *was wir brauchen.«*

Und jetzt achten Sie darauf, wie Sie sich *fühlen,* unmittelbar nachdem Sie diesen Satz ausgesprochen oder gedacht haben. Krampft sich Ihr Magen zusammen? Das ist ein Zeichen für Angst und Sorge. Oder fühlt sich Ihr Herz warm und froh an? Das wiederum ist ein Zeichen für Glauben und Vertrauen.

Als Nächstes achten Sie auf die *Gedanken*, die Ihnen durch den Kopf schießen. Sind Ihre Gedanken voller Angst und Zweifel? Versuchen Sie einen logischen Weg zu finden, wie Gott Ihnen mehr Fülle bringen kann? Auch das ist ein Zeichen von Angst. Oder haben Sie das Gefühl, als würden Sie am liebsten laut Gott lobpreisen, weil er sich so liebevoll um unser aller Bedürfnisse kümmert? Das ist ein Zeichen von *Glauben*.

DIE LOGIK DES UNLOGISCHEN

Unser Ego-Verstand versucht, Probleme durch das Vorgaukeln logischer Szenarios zu lösen. Er möchte das Ergebnis voraussagen und kontrollieren. Auf diese Weise erreicht er, dass Sie denken: *Was ist, wenn dies passiert?*, und: *Was ist, wenn das passiert?* Obsessive, ängstliche Gedanken halten Sie in Atem und rauben Ihnen Zeit und Energie.

Eine große Hilfe ist es, an etwas Wundervolles und Unerwartetes zu denken, das Sie in Ihrem Leben erfahren haben. Denken Sie an Momente, in welchen Sie von den Ereignissen angenehm überrascht waren. Und denken Sie an die unvorhersehbaren Drehungen und Wendungen, die Ihr Leben bisher genommen hat. Hätten Sie alle diese Dinge vorhersehen können, die Ihnen bisher passiert sind?

Die Wahrheit ist, dass Ihre Bedürfnisse bisher stets erfüllt wurden. Sie sind noch am Leben, was Beweis dafür ist, dass Sie und Ihre Lebens-

aufgabe nach wie vor auf der Welt gebraucht werden. Solange Sie leben, werden Sie Ihre Bedürfnisse erfüllt bekommen, vorausgesetzt, Sie arbeiten als ein voll funktionierendes Teammitglied mit dem Himmel zusammen.

Das bedeutet, dass Ihnen himmlische Führung im Hinblick auf die Schritte gegeben wird, die Sie nehmen sollen. Sie müssen sich dieser Führung bewusst sein und ihr auch folgen, damit Ihr Gebet beantwortet werden kann.

Natürlich gibt es Zeiten, wo das Wunder eines direkten Eingriffs geschieht wie bei dem Hundert-Dollar-Schein, den ich auf der Straße fand, nachdem ich um Geld für Lebensmittel gebetet hatte. Doch in der Regel werden Sie *Mitschöpfer* der positiven Geschehnisse sein, die Sie suchen.

Die Art, wie Gebete beantwortet werden, liegt jenseits logischer Überlegungen. Doch wenn Sie im Nachhinein auf ein Ereignis zurückblicken, erkennen Sie, dass es logisch war. Gleichzeitig war es unvorhersehbar. Sie hätten die Handlungssprünge nicht vorhersehen können, mit denen Ihr Gebet beantwortet wurde.

Das ist der Grund, warum wir sagen, dass das »Wie« allein Gottes Entscheidung ist. Gott ist Geist. Gott ist grenzenlose Intelligenz. Gott ist allgegenwärtig. Gott ist allwissend. Und Ihr wahres Selbst ist eins mit Gott und dem Geist Gottes.

Ihr wahres Selbst sorgt und ängstigt sich nie, weil es – genau wie Gott – nur Liebe, Gesundheit, Fülle, Freude und Frieden kennt. Daher kann Ihr wahres Selbst schon jetzt die Lösungen auf jedes scheinbare Problem sehen, das Ihnen präsentiert wird.

Wenn Sie von Glauben und Vertrauen erfüllt sind, können Sie Ihre göttliche Führung klar und deutlich hören. Sie werden genau wissen, welche Schritte Sie unternehmen müssen. Doch wenn Sie Ihrem Ego-Verstand erlauben, Ihr Denken mit Ängsten zu vernebeln, werden Sie die himmlische Führung, die Ihnen als Antwort auf Ihre Gebete zuteil wird, nicht so leicht hören können. Göttliche Führung äußert sich in wiederholten Informationen, die Ihnen im Hinblick auf Handlungen, die Sie vornehmen sollen, präsentiert werden. Göttliche Führung kann sich äußern durch:

- ✤ Gedanken und Ideen
- ✤ Intuition oder Bauchgefühle
- ✤ Zeichen des Himmels

Wenn Sie in einem zeitlich kurzen Abstand eine Idee, einen Gedanken, ein Gefühl oder Zeichen mehr als drei Mal empfangen, handelt es sich dabei höchstwahrscheinlich um göttliche Führung.

Zu den Zeichen können unter anderem ungewöhnliche oder auffallende Dinge gehören, die Sie mit Ihren physischen Sinnen sehen oder hören. Zum Beispiel, wenn Ihnen ein Buch dreimal hintereinander

empfohlen wird. Das ist mit ziemlicher Sicherheit ein Hinweis, dieses Buch zu lesen.

Göttliche Führung wird Sie drängen, positive und gesundheitsfördernde Schritte vorzunehmen, die sich letzten Endes sowohl für Sie als auch für Ihre Lieben als segensreich herausstellen werden. Göttliche Führung unterstützt zudem Ihre Mission im Leben und wird Ihnen, Ihren Klienten und anderen helfen, die von Ihrer Aufgabe profitieren.

Manchmal klagen Menschen, dass sie sich blockiert fühlen und keinerlei himmlische Führung bemerken. In der Regel bedeutet dies, dass der oder die Betreffende entweder von Stress, Intoxikation oder Angst abgelenkt ist. Sie können Ihre Fähigkeit des Empfangens und Hörens göttlicher Botschaften klären, indem Sie Rauschmittel jeder Art vermeiden und stressreduzierende Aktivitäten wie Beten und tägliches Fitnesstraining zur Gewohnheit machen, sich biologisch ernähren, Zeit in der freien Natur verbringen und Meditation praktizieren.

Natürlich ist es nicht erforderlich, eine perfekt gesunde Lebensweise zu führen, um die Stimme Gottes und der Engel zu hören. Alles, was Ihnen hilft, ein ausgeglichenes Leben zu führen, wird Ihnen ebenso helfen, jegliche Statik in den Kanälen zu beseitigen und Ihre Fähigkeit verbessern, göttliche Kommunikation zu empfangen.

WAHRE FÜHRUNG IM GEGENSATZ ZU FALSCHER FÜHRUNG

Wie können Sie sicher sein, dass Sie tatsächlich echte göttliche Führung empfangen – oder sich diese nur vorstellen? Wie können Sie wissen, dass es sich nicht um Wunschdenken handelt oder, schlimmer noch, niedere Energien, die versuchen, Sie auszutricksen und in die falsche Richtung zu lenken? Vielleicht sind Sie in der Vergangenheit schon einmal Ihrer Führung gefolgt, aber es hat nicht funktioniert, und daher haben Sie das Vertrauen in Ihre Intuition verloren.

Das sind berechtigte Sorgen, die nicht notwendigerweise ego-basiert sind. Es ist immer gut, Vorsicht walten zu lassen, bevor Sie wichtige Veränderungen in Ihrem Leben vornehmen. Daher sollen Sie auf diese Zeichen achten, um sicherzugehen, dass es sich tatsächlich um himmlische Botschaften handelt.

BEISPIELE GÖTTLICHER FÜHRUNG

Nachdem Sie um Hilfe gebetet haben, werden Sie sich wiederholende Ideen, Gedanken, Gefühle, Visionen oder Zeichen empfangen, die Sie zu bestimmten Aktionsschritten anleiten, wie zum Beispiel dem Wunsch:

- ⊕ eine bestimmte Person oder Firma anzurufen

- ⊕ Ihre Ernährung oder Fitness zu verbessern

- ⊕ ein bestimmtes Buch oder Artikel zu lesen

- ⊕ einer Gruppe oder Organisation beizutreten

- ⊕ zu recherchieren

- ⊕ einen Kurs zu absolvieren

- ⊕ zu schreiben

- ⊕ eine Reise zu unternehmen

- ⊕ in eine neue Gegend umzuziehen

- ⊕ emotionale Heilungsarbeit

- ⊕ … (und weitere Aktivitäten, die sich positiv auf Sie auswirken).

Göttliche Führung fokussiert sich immer auf Handlungsschritte, die *jetzt sofort* angesagt sind und die Ihre Zukunft verbessern werden. Vielleicht zeigt die göttliche Führung Ihnen nicht das ganze Bild Ihrer Zukunft, doch sie wird Sie schrittweise zu der Antwort auf Ihr Gebet führen. Alles, was Sie tun müssen, ist darauf zu achten, jeden Schritt zu *befolgen*!

Die Macht magischer Manifestationskraft – Sie haben es verdient!

Wenn Sie den Himmel um Hilfe bitten, werden Sie darüber hinaus Menschen um Hilfe ersuchen müssen. Wenn Sie es nicht gewohnt sind, um Unterstützung zu bitten oder sie anzunehmen, hindern Sie sich selbst daran, Fülle zu empfangen.

Die Engel der Fülle lehren, dass Geben und (An-)Nehmen gleich segensreich und wichtig sind. Das Ausatmen ist genauso wichtig wie das Einatmen. Die Gezeiten kommen und gehen.

Bei Personen, deren Manifestationskraft blockiert ist, liegt die Ursache in der Regel in ihrer mangelnden Bereitschaft, etwas anzunehmen.

Wenn andere Ihnen zum Beispiel ihre Hilfe anbieten, wie reagieren Sie darauf? Wie fühlen Sie sich, und was tun Sie? Nehmen Sie die an-

gebotene Hilfe an? Oder lehnen Sie sie höflich ab? Fürchten Sie, andere zu belästigen oder unglücklich zu machen, wenn Sie um ihre Hilfe bitten oder sie annehmen?

Haben Sie das Gefühl, andere verdienen es mehr als Sie, glücklich und erfolgreich zu sein?

Haben Sie Angst, dass Ihnen etwas Schlimmes passieren wird, wenn Sie sich gestatten, Fülle – in welcher Form auch immer – anzunehmen?

Diese Ängste sind allesamt auf das Gefühl von *Unwürdigkeit* zurückzuführen, so als hätten Sie es nicht verdient, Fülle zu empfangen. Wenn Sie sich unwürdig fühlen, spielt es keine Rolle, wie sehr Sie sich darum bemühen, Manifestationsmethoden zu lernen und zu praktizieren. Solange Sie sich nicht würdig fühlen, werden Sie Ihren Erfolg und Ihr Glück immer sabotieren. Sie werden alle Antworten auf Ihre Gebete beiseiteschieben, weil Sie das Gefühl haben, nicht vorbereitet zu sein und es nicht zu verdienen, sie anzunehmen.

Wenn Ihnen dieses Verhalten bekannt vorkommt und heftige Emotionen in Ihnen hervorruft, nehmen Sie sich einen Moment Zeit, um tief durchzuatmen, Ihren Gefühlen freien Lauf zu lassen und einige wichtige Erkenntnisse zu gewinnen. Dies ist ein Prozess tiefer emotionaler Heilung, der Sie in die Lage versetzen wird, Hilfe anzunehmen. Indem Sie sich erlauben, die Wahrheit zu sehen, werden Sie offen dafür, Fülle in welcher Form auch immer anzunehmen.

VORBILDER FÜR FÜLLE

Wir glauben nicht, dass es hilfreich ist, wenn Sie andere für Ihre finanziellen Umstände verantwortlich machen. Vorwürfe sind eine niedere Energie, und Manifestationen kommen schneller zustande, wenn Ihre Energie (spirituell und physisch) hoch bleibt.

Daher werden wir uns aus einer Perspektive des Lernens und nicht der Kritik einige Ihrer Vorbilder für Fülle anschauen. Viele Ihrer Glaubenssätze über Fülle sind auf das zurückzuführen, was Sie als Kind und Heranwachsender gelernt haben.

Deswegen zentrieren Sie sich jetzt bitte, indem Sie ein paar tiefe Atemzüge nehmen und Ruhe in Ihren Geist und Körper einkehren lassen.

Achten Sie auf die ersten Antworten, die Ihnen beim Lesen jeder einzelnen Frage in den Sinn kommen:

- ⊕ *Was hat meiner Erinnerung nach meine Mutter über Geld gesagt?*

- ⊕ *Was hat meiner Erinnerung nach mein Vater über Geld gesagt?*

- ⊕ *Gab es irgendwelche andere wichtige Erwachsene, die ein Vorbild für Einstellung und Verhaltensweisen gegenüber Geld waren?*

- ✣ *Auf welche Art haben diese Personen Geld ausgegeben oder gespart?*

- ✣ *Wie haben die wichtigen Erwachsenen in meinem Leben über »die Ökonomie« gesprochen?*

- ✣ *Wie war die Energie meiner Eltern, wenn sie mir mein Taschengeld gaben?*

- ✣ *Habe ich als Jugendlicher Geld verdient? Wie hat sich das auf mich ausgewirkt?*

- ✣ *Wie ist meine Familie mit Geld umgegangen?*

- ✣ *Welche Stereotypen habe ich damals in Bezug auf reiche Menschen gehört?*

Diese Ereignisse haben Ihre Glaubenssätze stark beeinflusst. Vielleicht haben Sie zu Hause gelernt, entweder bewusst oder unbewusst, dass

- ✣ es nicht genug Vorrat oder Fülle gibt.

- ✣ »die Wirtschaft« Ihre persönliche Fülle beeinflusst.

- ✣ Sie andere für Ihre finanzielle Situation verantwortlich machen sollten.

- ⊕ es »sicher« oder ungefährlich ist, Geschenke von anderen anzunehmen.

- ⊕ es eine Freude oder eine Last ist, anderen etwas zu schenken.

- ⊕ Sie darauf vertrauen sollten, dass die »guten Zeiten« bestehen bleiben.

- ⊕ Sie es verdient haben, Gutes von anderen zu empfangen.

- ⊕ Geld die Wurzel allen »Übels« ist.

- ⊕ Geld schmutzig ist, weil es durch viele Hände geht.

- ⊕ reiche Menschen »schlecht« oder anders sind als Sie.

Wenn Sie diese Glaubenssätze noch einmal durchlesen, wird Ihr Körper Ihnen signalisieren, welches die gesündere Denkweise im Hinblick auf Geld und Fülle ist. Tief in Ihrem Inneren wissen Sie, dass es sich mit Geld nicht anders verhält als mit jedem anderen materiellen Objekt: Es ist eine Ansammlung von Molekülen, bestehend aus Atomen. Es ist Energie, genau wie Sie Energie sind! Geld ist zu einer allgemein vereinbarten Methode geworden, um Handel und Dienstleistungen zu tauschen. Es hat keinen inhärenten Wert an sich (und wir wollen gar nicht erst über die US-Notenbank und Goldwährung reden!).

MIT GELD KOMMUNIZIEREN

Ihre emotionalen Reaktionen auf Geld spielen eine große Rolle, wenn es darum geht, wie viel Sie empfangen, geben und besitzen. In unserer nächsten Übung werden wir alle dysfunktionalen Glaubenssätze über Geld, die Ihren Fluss der Fülle blockieren könnten, genau durchleuchten.

Für diese Übung werden Sie ungefähr 15 Minuten brauchen. Betrachten Sie diesen Zeitraum als eine Investition, die Ihnen üppige Dividenden bringen wird! Es handelt sich um eine Art Training – vergleichbar einem körperlichem Work-out im Fitnesscenter –, das regelmäßig wiederholt werden muss.

Hier sind die einzelnen Schritte:

1. Halten Sie einen Geldschein Ihrer Wahl in der Hand.

2. Atmen Sie tief durch und zentrieren Sie sich.

3. Richten Sie Ihren Fokus auf den Geldschein in Ihrer Hand und erinnern Sie sich, dass er aus Energie besteht, genau wie jedes andere Material.

4. Wenn es auch unlogisch erscheinen mag, versuchen Sie bitte Folgendes: Reden Sie mit dem Geld (laut oder im Stillen),

so als würden Sie ein Gespräch mit jemandem führen: »Geld, welche Gefühle empfinde ich wirklich für dich?«

5. Lauschen Sie auf die Antwort, die als Gedanken, Gefühle oder Visionen hochkommen wird. Achten Sie vor allem auf die erste Reaktion, die Ihnen in den Sinn kommt. Wenn Sie möchten, schreiben Sie diese auf.

6. Als Nächstes fragen Sie: »Geld, wie gehe ich mit dir um?« Achten Sie auf die Antwort, die Sie vielleicht überraschen wird.

7. Dann stellen Sie die Frage: »Geld, wie kann ich mehr von dir bekommen?«, und achten Sie auch hier wieder auf die Antwort.

8. Und schließlich fragen Sie noch: »Was würdest du mir sonst noch sagen wollen?« Achten Sie sowohl auf alle Antworten als auch auf andere Gedanken und Gefühle, die hochkommen. Schreiben Sie alles auf, wenn Sie möchten.

Nun? Haben Sie irgendwelche Erkenntnisse im Hinblick auf einschränkende Glaubenssätze über Geld gewonnen? Waren Sie überrascht?

Angesichts der vielen Menschen weltweit, mit denen wir bei unseren Seminaren diese Übung durchgeführt haben, sind wir zu dem Schluss gekommen, dass Menschen dabei in der Regel entdecken, dass sie:

⊕ Geld nicht respektieren, weil sie es als eine Verkörperung all der harten Arbeit sehen, die sie (oder ein Familienmitglied) tun mussten, um es zu verdienen.

⊕ Angst vor Geld haben, weil sie es als einschüchternd empfinden und die »Regeln« nicht verstehen, wie man es »macht« und richtig damit umgeht.

⊕ sich wie ein Außenseiter fühlen, so als würden nur andere Geld bekommen.

⊕ wütend auf Geld sind, weil es ihnen auszuweichen scheint, und auf die brutalen Finanzsysteme in der Welt.

⊕ dem Geld nachrennen, während es ihnen ständig ausweicht.

Die Energien dieser Sichtweisen stoßen das Geld regelrecht weg. Fülle wird von positiven, liebevollen und einladenden Emotionen angezogen. Das schließt eine Fülle an Liebe, Zeit, Ideen, Vertrauen, Motivation – und Geld ein.

Darüber hinaus wird Geld von der Energie des Respekts angezogen. Achten Sie das Geld, das Sie bereits haben, indem Sie es fein säuberlich in Ihrer Geldbörse aufbewahren. Ein Geheimnis für Fülle besteht darin, jede Überweisung, die Sie ausstellen, mit einem »Danke« zu versehen. Fügen Sie *allen* Überweisungen – einschließlich Finanzamt,

Strom- und Dienstleistungsunternehmen – Ihren Dank hinzu. Danken Sie dafür, dass Sie genug Geld haben, um diese Rechnungen zu bezahlen. Ersetzen Sie Ablehnung durch Dankbarkeit und freuen Sie sich zu sehen, wie Ihr Bankkonto wächst.

ÜBERWINDUNG VON MANGEL UND EINSCHRÄNKUNG

Je mehr Sie affirmieren und dankbar für die Fülle sind, die Sie bereits haben, desto mehr werden Sie sich über unerwarteten Geldsegen freuen können. Auch wenn im Moment kein sichtbarer Vorrat da ist, und selbst wenn Sie keine Ahnung haben, wie Sie Ihre Rechnungen bezahlen sollen, affirmieren Sie trotzdem Fülle, indem Sie zum Beispiel sagen:

»Danke, Gott, dass du alle meine Bedürfnisse
auf unkomplizierte und angenehme Weise erfüllst.«

Im Gegensatz dazu blockiert der Glaubenssatz, dass es nur einen begrenzten Vorrat an Gutem gibt, jede Fülle. Wenn Sie nicht glauben, dass Sie etwas Gutes verdient haben, werden Sie sich schuldig fühlen und die dargebotene Fülle nicht annehmen, weil Sie fürchten, damit jemand anderem etwas Gutes wegzunehmen.

Affirmieren Sie, dass es einen unendlichen Vorrat an Fülle für alle gibt. Nur weil Sie ein schönes Haus und ein komfortables Auto haben, bedeutet das nicht, dass Sie dadurch einem anderen diese Dinge wegnehmen. Das Gleiche gilt für jedes andere Bedürfnis, das Ihnen erfüllt wird.

Doch wie, werden Sie vielleicht fragen, sieht es mit Obdachlosigkeit und Armut aus? Diese Menschen scheinen nicht genug zu haben. Ihre Bedürfnisse werden offenbar nicht erfüllt. Wie kann es unendlichen Vorrat an allem geben, wenn so viele Menschen finanziell zu kämpfen haben? Diese Fragen sind berechtigt. Doch Armut zu affirmieren trägt in keiner Weise dazu bei, das Leiden zu mindern. Nur hilfreiche und durchdachte Aktion wird zu Erfolg führen. Sie können sich zum Beispiel zu einem reichen Philanthrop entwickeln, der den Armen Geld spendet. Oder Sie könnten sich bei einer Wohltätigkeitsorganisation einbringen und Gutes tun. Oder vielleicht werden Sie anderen zeigen, wie sie die Erfüllung ihrer Bedürfnisse manifestieren können.

SIE SELBST SIND WERTVOLL

Und so sieht es in Wahrheit aus: Geld ist weder gut noch schlecht. Geld ist ein neutrales Objekt, das Menschen mit Wert und Bedeutung erfüllt haben. Menschen haben dafür gekämpft und getötet. Sie haben ihre Familien im Stich gelassen, um sich auf die Suche danach zu begeben.

Doch in Wahrheit ist Geld nichts als Papier und Metall mit einem künstlich zugeteilten Wert.

Der wahre Geldwert ist Ihre *Zeit*. Wie viel Zeit brauchen Sie, um das Geld zu verdienen, das Sie haben? Sich selbst wertzuschätzen hilft Ihnen, das Geld zu schätzen, das Sie verdienen.

Sie sind absolut wertvoll! Gott hat Sie mit seiner unendlichen Liebe, Weisheit und Intelligenz erschaffen. Sie haben eine vielbenötigte Lebensaufgabe, die nur Sie erfüllen können.

Egal, was Sie in diesem Leben getan oder nicht getan haben, Sie sind wertvoll!

Egal, was jemand anderes Ihnen gesagt hat, Sie sind wertvoll!

Sie sind wichtig, und Sie werden gebraucht!

Sie haben Respekt verdient!

DIE VERGANGENHEIT LOSLASSEN

Ein Gefühl der Unwürdigkeit kann unter Umständen auch aus einer anderen Lebenszeit stammen, in der Sie – als Nonne oder Mönch – ein Gelübde der Armut und Entsagung abgelegt haben. Unbewusst folgen diese Gelübde Ihnen durch weitere Inkarnationen bis in Ihr jetziges Leben. Diese alten Schwüre machen den Gedanken an Fülle verdächtig und führen zu Skepsis gegenüber allem, das über das Lebensnotwendige hinausgeht.

Selbst wenn Sie nicht sicher sind, ob Sie jemals Armutsgelübde abgelegt haben, ist es hilfreich, sie dennoch loszulassen. Es kann Ihnen nicht schaden, alte Gelübde des Leidens loszulassen – im Gegenteil, es wird Ihnen von großem Nutzen sein.

Um diese Gelübde ein für alle Mal zu beenden, ziehen Sie sich an einen ruhigen Ort zurück und sprechen Sie laut oder im Stillen:

>*Lieber Gott, höheres Selbst, Jesus und Erzengel*
Michael und Raziel [dessen Name so viel bedeutet wie
›Geheimnisse Gottes‹], *ich bin bereit, alle selbstzerstörerischen*
Gelübde loszulassen, die ich vielleicht in einer anderen
Lebenszeit abgelegt habe. Ich bitte euch, diese Gelübde
vollständig zu durchtrennen, ungeschehen zu machen und
mich von jeder Form von Armut, Entsagung oder
Selbstzerstörung zu befreien.
Ich bitte, dass alle Auswirkungen dieser Schwüre jetzt
und in aller Zukunft, in jeder Richtung der Zeit
und für jeden, der daran beteiligt war, ungeschehen
gemacht werden. Amen.«

Es kann sein, dass Sie ein leichtes Schütteln und einen Schauer fühlen, während das karmische Entwirren vonstattengeht. Alte aufgestaute

Energie wird losgelassen, damit Sie frei von den Fesseln sein können, die Sie zuvor gebunden und blockiert haben.

Zusätzlich zu Gelübden dieser Art können auch kulturelle Unterschiede in vergangenen Lebenszeiten Ihre heutige Fülle beeinträchtigen. In vergangenen Inkarnationen war es üblich, in Dorfverbänden und Klöstern zu leben, in denen Nahrung, Getränke, Kleidung und Unterkunft bereitgestellt wurden. Jeder arbeitete, und alles wurde geteilt.

Für manche Menschen ist die gegenwärtige Inkarnation ihre erste westlich-kapitalistische Lebenszeit, in der sie für sich selbst sorgen müssen. Eine schwierige Anpassung für Menschen, die Lebenszeiten damit verbracht haben, in einer Gemeinschaft zu funktionieren. In jenen Inkarnationen gab es weder individuelle Bankkonten noch Steuern oder Rechnungen. Daher kann der Gedanke persönlicher finanzieller Verantwortung negative Reaktionen auslösen – und negative Reaktionen blockieren den Fluss der Fülle.

Es hilft zu erkennen, dass Sie auch in diesem Leben *nach wie vor* in einem gemeinschaftlichen Umfeld leben. Schließlich haben Sie die Fähigkeit, Fülle zu manifestieren, damit Sie diese mit bedürftigen Menschen teilen können. Wenn es Ihnen unangenehm ist, Fülle zu manifestieren, tun Sie es für eine gute Sache, an die Sie glauben! Sie

können ein Philanthrop werden und Ihr Geld würdigen Wohltätigkeitsorganisationen geben. Oder Sie spenden regelmäßig zehn Prozent Ihres Verdienstes.

Entwickeln Sie Eine Denkart der Fülle

Manifestation bedeutet die Erkenntnis, dass alles und jeder mit der lebendigen Energie unseres Schöpfers erschaffen wurde. Ihr Körper besteht aus der reinen, liebevollen und intelligenten Energie Gottes. Das Gleiche gilt für Ihre Seele, Ihren Geist und jeden anderen Aspekt, der *Sie* ausmacht. Alles Physische und Nichtphysische auf der Erde und im Universum hat seinen Ursprung in dieser Energie. Daher ist alles, was existiert, reine Liebe.

Ja, es gibt schmerzhafte und grausame Situationen, die nicht Ausdruck von Liebe sind. Wir wissen um die dunkle Energie in der physischen Welt. Doch mit dem Verständnis, dass *sowohl* Licht *als auch* Dunkelheit Energie bedeutet, schaffen wir das Fundament, um zu lernen, wie Manifestation funktioniert.

In der physischen Welt gibt es die *Dualität*, was so viel wie Gegensätze bedeutet. Es gibt heiß und kalt, hart und weich, nass und trocken, Liebe und Angst, Gesundheit und Krankheit, Reichtum und Armut und so weiter.

KEIN KÄMPFEN
ODER HINTERHERJAGEN

Viele von uns, die sich an die nicht-dualistische Welt des Himmels erinnern, vergeuden eine Menge Zeit mit dem Versuch, gegen die vielfältige Dualität der physischen Welt anzukämpfen. Das führt dazu, dass wir Schulden, Verletzungen, Angst und Ähnliches einfach wegdrücken. Jedoch lehren uns die Engel der Fülle diese wichtige Botschaft: »*Gegen etwas anzukämpfen bedeutet, dass wir gegen Energie kämpfen, was diese in Wahrheit aufwühlt und somit unser ansonsten friedliches Leben stört.*« Das klingt so ähnlich wie der bekannte Spruch: »Ohne Wandel kein Fortschritt.«

Anstatt also wegen Ihrer finanziellen Situation wütend oder frustriert zu sein, sollten Sie Ihren Fokus auf das positive Gegenteil richten. Darüber werden Sie bald mehr erfahren.

In der Zwischenzeit jedoch achten Sie auf den zweiten Teil dieser Lektion der Engel: *Einer Sache hinterherzujagen bedeutet, sie nie einzuholen.*

Geld oder anderen Dingen nachzujagen führt nie zu dem gewünschten Erfolg. Nichts und niemand möchte gern gejagt werden, da es sich dabei um eine abschreckende Energie handelt. Erfolg, Liebe, Glück oder Geld nachzujagen bedeutet, dass Sie tief in Ihrem Inneren Angst haben, diese Ziele nicht wirklich erreichen zu können. Diese Angst treibt Sie an, Ihre Ziele »zu erzwingen«, anstatt der liebevollen göttlichen Energie zu vertrauen, die Ihnen diese Dinge freiwillig gibt. Etwas hinterherzujagen ist eine Form des Erzwingens, und das Universum widersetzt sich jeglichem Zwang.

Dem Geld nachzujagen funktioniert nie. Alles, was Sie jagen, rennt vor Ihnen davon, denn Jagen impliziert, dass Sie es erzwingen müssen, um es zu bekommen. Jagen bedeutet, dass Sie Ihr Ziel nicht ohne siegreiche Energie erreichen können. *Angst-Energie in jedweder Form blockiert Fülle.*

Gott liebt uns, und wie alle liebenden Eltern möchte er, dass wir glücklich, gesund und großzügig versorgt sind. Gott will dasselbe für jeden von uns! Menschen, die in Armut leben, weil sie die energetische Struktur des Universums nicht begreifen, müssen von denen unter uns versorgt werden, die diese Struktur *verstehen*. Wenn wir prosperieren, bringen wir mehr Ressourcen ein, um anderen zu helfen.

DIE ÖKONOMIE HAT
NICHTS MIT IHNEN ZU TUN!

Das Ego ist auf äußere Gegebenheiten fixiert, da es seine Kraft daraus bezieht, andere für seine Miseren verantwortlich zu machen. Zu den Blockaden, die uns daran hindern, Fülle zu manifestieren, gehört, anderen die Schuld für »die wirtschaftliche Situation« zu geben oder uns Sorgen darum zu machen.

In spiritueller Wahrheit gibt es so etwas wie »äußere Einflüsse« nicht. Es gibt nur den einen göttlichen Geist, Liebe und Spirit, der hundertprozentig gesund und überschwänglich ist – immer und ohne Ausnahme! Wenn Sie sich auf externe Dinge fokussieren – zum Beispiel die Art, wie andere Menschen ihr Geld ausgeben –, sind Sie vom Ego anstatt von Ihrem eigenen höheren Selbst und dem Geist Gottes beeinflusst. Das Ego dreht sich immer um Probleme, Mangel und Knappheit in jedweder Form. Daraus folgt, dass Sie sich niemals vom Ego beherrschen lassen sollten!

Adam Smith, bekannt als der Vater der modernen ökonomischen Theorie, schrieb Folgendes in Bezug auf einen einflussreichen Faktor in der Ökonomie, genannt die »unsichtbare Hand«. Smith und die neoklassischen Ökonomen von heute sagen, dass die Marktwirtschaft sich aufgrund von Konsumverhalten stets wieder ins Gleichgewicht bringt.

Wenn Konsumenten glauben, dass sie nicht genug Geld haben, werden sie aufhören, es auszugeben, und die Ökonomie als Ganzes leidet darunter. Doch wenn der Glaube an Fülle vorherrscht und Konsumenten ihr Geld großzügig ausgeben, verbessert sich die allgemeine wirtschaftliche Lage. Das Gleiche trifft auch auf unsere individuelle Situation zu. Wenn Sie Geld horten und sich über jeden Cent ärgern, den Sie ausgeben, werden Sie einen »unsichtbare Hand«-Effekt in Bezug auf Ihre eigenen Finanzen auslösen und nie das Gefühl haben, dass genug Geld vorhanden ist. Und wahrscheinlich werden Sie Geldsorgen und allerlei Befürchtungen haben, die Sie verfolgen, egal, wie dick Ihr Bankkonto ist.

Jeden Tag machen Menschen sich mit neuen Ideen und Erfindungen selbstständig und sind emotional wie auch finanziell extrem erfolgreich. Jeden Tag werden wieder neue Menschen erfolgreich, und sie alle sind genauso wie Sie.

Wenn Sie anderen die Schuld geben und ihnen Ihren Mangel an Fülle vorwerfen, geben Sie damit Ihre eigene Macht aus der Hand. Holen Sie sich Ihre Macht zurück und werden Sie der Souverän, der seine eigenen positiven Erfahrungen kreiert!

Keine Frage, es gibt viele ungerechte und unmoralische Machtmenschen, die auf extrem egoistische Weise die weltweite Finanzpolitik beeinflussen. Es stimmt, der Mindestlohn ist eine Zumutung und reicht nicht zum Leben, und Konzerne erkaufen sich politischen Einfluss.

Aber wissen Sie was? Sie können sich über all diese Realitäten erheben, äußerst erfolgreich werden und Ihr neu gewonnenes Geld und Ihren Einfluss benutzen, um positive Veränderungen in der Welt zu ermöglichen! Über die Elitekräfte zu murren und zu schimpfen bringt weder Ihnen noch irgendjemand anderem etwas. Sich hingegen zu einer Führungspersönlichkeit mit Integrität und Ethik zu entwickeln ist mit Sicherheit lohnender!

KEINE ANGST VOR »KONKURRENZ«

Abgesehen vom Loslassen der Sorgen um die Ökonomie ist es sehr wichtig, sich nicht auf »Konkurrenzverhalten« zu fixieren. Die Energie von Konkurrenz und Wettkampf basiert auf dem Glaubenssatz, dass eine Person gewinnt und die andere verliert. Konkurrenz bedeutet, dass es einen begrenzten Vorrat gibt und somit nicht genug für jeden.

Ein Grund, warum sensitive Menschen zögern, Fülle zu manifestieren, besteht darin, dass sie diese Fülle einem anderen nicht vorenthalten wollen. Es gibt einen unbewussten Glaubenssatz, der besagt, dass ein anderer verlieren wird, wenn Sie gewinnen. Doch wenn Sie wirklich verstehen, dass es mehr als genug für uns alle gibt, würden Sie nicht länger Bedenken haben. Wenn Sie darauf vertrauen, dass Geld jedem hilft – einschließlich Ihrer Familie, Klienten und Wohltätigkeitsorganisationen –, werden Sie die Schleusentore der Fülle öffnen.

VERMEIDEN SIE
DIE ENERGIE DER EIFERSUCHT

Niemand wird Ihnen bei der Erfüllung Ihrer Lebensaufgabe zuvorkommen, da nur Sie diese Aufgabe erfüllen können. Es gibt kein Wettrennen und keine Konkurrenz. Gott hat keine Favoriten. Ihnen wird genauso viel Liebe und Unterstützung zuteil wie jedem anderen. Versprochen!

Eifersucht auf den Erfolg eines anderen Menschen signalisiert dem Universum folgende Botschaft: »Wie kommt es, dass er oder sie jenes hat und ich nicht?« Alles, was das Universum aus diesem Satz heraushört, ist, dass Sie nicht haben, was der andere hat. Und das Universum liefert stets, was Sie affirmieren und erwarten.

In ähnlicher Weise sollten Sie sich von Personen fernhalten, die vielleicht eifersüchtig auf *Ihren* Erfolg sind. Sie werden bewusst oder unbewusst versuchen, Ihren Fortschritt zu sabotieren. Und teilen Sie Ihre Träume nie mit skeptischen oder missgünstigen Menschen, die versuchen, Sie davon abzuhalten, Ihren Weg weiterzugehen. Die Energie der Eifersucht, egal, ob Sie sie fühlen oder ein anderer, ist immer toxisch, wenn es darum geht, Fülle zu manifestieren.

Die Engel helfen Ihnen stets, eine Win-win-Situation zu finden. Sie gewinnen, andere gewinnen. Wir alle gewinnen!

ENGEL-WORTE DER FÜLLE

In unserem Buch *Engel-Worte* finden Sie viele Beispiele dafür, wie Menschen ihre finanzielle Situation und andere Aspekte ihres Lebens verbessert haben, einfach indem sie die Worte, die sie benutzten, änderten. (Im Anhang dieses Buches finden Sie weitere Geschichten über manifestierte Fülle.) Hier ist ein Auszug, um Ihnen bei diesem wichtigen Punkt zu helfen.

Ich (Doreen) erhalte täglich Bitten um Hilfe über meine Website, Radioshow und Seminare. Häufig werde ich um Antworten der Engel gebeten, um bei der Lösung schwieriger finanzieller und beruflicher Situationen zu helfen. Ausnahmslos stelle ich fest, dass Menschen – aufgrund Ihres Stresses – einschränkende Worte benutzen, um ihre gegenwärtigen Situationen zu beschreiben. Oft sind sie sich nicht bewusst, dass sie negative Affirmationen verwenden (wie zum Beispiel »Ich bin pleite«) oder dass diese Äußerungen dafür sorgen, dass ihre stressige Situation weiterhin bestehen bleibt.

Eine Frau namens Carolyn Purchase führte fünf Jahre lang einen metaphysischen Buchladen in Nova Scotia, USA. In der Vergangenheit hatte sie stets auf die Frage, ob ihr Laden gut lief, geantwortet: »Reich werde ich damit nicht, aber er zahlt meine Rechnungen.« Carolyn hatte diesen Satz jahrelang immer wieder gesagt, bis sie irgendwann seine negative Wirkung erkannte.

Eines Tages sprach sie mit einer guten Freundin darüber, dass der Laden eigentlich eine Goldgrube sein könnte, da er der einzige dieser Art in der Gegend war, mit vielen zufriedenen Kunden und einem erstklassigen Ruf. Dann fragten sich die beiden, wie es kam, dass der Laden nicht besser lief. Warum brachte er gerade mal so viel ein, dass Carolyn neue Ware kaufen und ihre Rechnungen bezahlen konnte?

Carolyn erhielt ihre Antwort, als eine Kundin fragte, ob ihr Laden gut läuft. Und in dem Moment, in welchem Carolyn ihre übliche Antwort geben wollte – »Reich werde ich damit nicht, aber …«, hatte sie einen Moment der Erleuchtung und sagte stattdessen: »Fantastisch! Dieser Laden ist eine Goldgrube!« Sie sagte das mit einer solchen Überzeugung, dass sie selbst jedes Wort glaubte.

Das war vor einem Jahr, und wann immer heute jemand fragt: »Und, wie läuft das Geschäft?«, antwortet Carolyn jedes Mal, dass er fantastisch läuft und eine regelrechte Goldgrube ist. Im letzten Jahr ist ihr Umsatz im Vergleich zum Vorjahr um vierzig Prozent gestiegen, und er steigt weiterhin! Und das alles nur, weil Carolyn ihre Ausdrucksweise geändert hat: von einschränkenden, relativierenden Worten zu solchen mit einer positiven Energie-Schwingung. Ihre Worte haben die Goldgrube zu einer *Realität* gemacht!

Die Worte, die wir benutzen, haben einen direkten Einfluss auf unsere Finanzen, wie Carolyns Geschichte zeigt.

Eine Frau mit Namen Livia Maris Jepsen erlebte eine ähnliche Transformation. Vor einigen Jahren fragte Livia sich, warum ihre Gebete immer nur mit »nicht genug« anstatt mit »mehr« beantwortet wurden. Wenn sie zum Beispiel Geld brauchte, um etwas zu bezahlen, empfing sie exakt den erbetenen Betrag und nicht einen Cent mehr. Wenn sie mehr Zeit brauchte, um eine Aufgabe zu erledigen, bekam sie gerade genug Zeit, um im allerletzten Moment fertig zu werden etc.

Eines Tages besuchte Livia eine wohlhabende Freundin im Haus der Mutter dieser Frau. Nach einem köstlichen Abendessen fragte die Mutter: »Hast du genug oder möchtest du noch etwas?«, woraufhin die Freundin antwortete: »Danke, Mom, ich habe reichlich.«

Livia sagt: »Wenn Sie die Engel nur um das Nötigste bitten, dann ist es genau das, was Sie bekommen. Versuchen Sie, ›reichlich‹ zu affirmieren und darum zu bitten, und Sie werden immer mehr und Besseres bekommen, als Sie erwarten.« Seit sie ihr Vokabular geändert hat, ist Livias finanzielle Situation wesentlich stabiler.

Falls Ihnen die Bitte um »reichlich« bzw. viel Geld Unbehagen verursacht, seien Sie versichert, dass Sie diesen Extra-Betrag dazu verwenden können, für wohltätige Zwecke zu spenden, Ihren Lieben zu helfen und Ihre göttliche Lebensaufgabe zu finanzieren. Je mehr Geld Ihnen zufließt, desto mehr können Sie anderen damit helfen!

Diana May ist eine weitere Frau, die am eigenen Leib erfahren hat, welche Macht Worte im Hinblick auf die eigene finanzielle Situation haben können. Solange sie sich erinnern konnte, hat sie stets gesagt: »Ich habe nicht genug Geld für …«, was immer es sein mochte. Dianas ständigen negativen Affirmationen sorgten dafür, dass sie nie in der Lage war, sich irgendetwas Besonderes leisten zu können.

Dann kam der Tag, als Diana begann, wiederholt die Zahlenfolge 818 zu sehen – auf Uhren, Nummernschildern, Kassenbelegen und bei Telefonnummern. Schließlich fand sie den Grund dafür in meinem Buch *Die Zahlen der Engel*, in dem die Bedeutungen hinter wiederholten Zahlenfolgen erklärt werden. Sie las, dass es sich bei 818 um eine himmlische Botschaft mit der Aufforderung handelte, eine positive Einstellung zum Geld beizubehalten, versehen mit dem Rat, dass Personen, die diese Zahlenfolge sehen, folgende Affirmation benutzen: »Ich bin jetzt finanziell bestens versorgt und habe mehr als genug Geld, das ich sparen und mit anderen teilen kann.«

Von jenem Tag an machte sie sich diese Affirmation zur lieben Gewohnheit. Heute ist ihre finanzielle Situation sicher, und darüber hinaus hat sie genug Geld, um es zu sparen und andere damit zu beglücken. Sie sagte mir: »Heute sehe ich die Welt mit völlig anderen Augen, wenn es um Geld geht.«

Als ich vor Jahren eine monatliche Kolumne für ein Buchhandels-Magazin schrieb, erhielt ich viele Briefe von Menschen in verzweifelten finanziellen Situationen. Unweigerlich klagten sie zum Beispiel, dass die Stadt, in der sie ihren Buchladen hatten, kein guter Ort für ein Geschäft war. Also riet ich ihnen, ab sofort bitte nur noch positive Worte zu benutzen, um die wirtschaftliche Situation in ihrer Stadt (und der Welt im Allgemeinen) zu beschreiben. (Wenn jemand sagt, dass die wirtschaftliche Lage schlecht sei, was meinen Sie, welche Art von Wirkung das auf sein Geschäft hat?)

Eine Frau namens Lorraine Mills entdeckte, dass ihre negative Einstellung zu der Stadt, in der sie lebte, negative Auswirkungen auf ihr Geschäft hatte. Als Lorraine von ihrem Geburtsland Großbritannien nach Japan zog, betonte sie immer wieder, dass es an ihrem neuen Standort nicht genug Kunden gab, um ihre holistische Therapiepraxis fortsetzen zu können. Und natürlich, Lorraines Unternehmen – das in England sehr erfolgreich gewesen war – verkümmerte zusehends. Nach sieben Jahren des wirtschaftlichen Überlebenskampfes trug sich Lorraine mit dem Gedanken, nach England zurückzukehren.

Sie entwickelte einen Geschäftsplan und visualisierte eine volle Therapiepraxis, sobald sie nach England zurückkehrte. Interessanterweise

kamen jedoch von diesem Moment an mehr und mehr Kunden in ihre japanische Praxis! Lorraine erkannte, dass ihre negativen Affirmationen über die wirtschaftliche Situation in Japan ihr Geschäft blockiert hatten. Sie sagte mir: »Ich hatte affirmiert, dass es keine Kunden für meine Therapiepraxis in Japan gab, und genau das habe ich bekommen.« Sobald sie anfing, Erfolg zu visualisieren, war es, als hätte sie vor der weit geöffneten Eingangstür ihrer Praxis einen roten Teppich ausgerollt.

Manchmal kann eine schmerzliche Situation uns die Rolle klarmachen, die unsere Wortwahl bei allem spielt, was wir sagen, wie eine Frau namens Caryn Connolly entdeckte. Nachdem sie ihren Job als Ingenieurin verloren hatte, sagte sie jedem, der sie fragte: »Ich bin arbeitslos.« Caryn suchte verzweifelt nach einer neuen Stelle, ohne Erfolg. Dann wurde ihr klar, dass sie durch ihre ständige Aussage, sie sei arbeitslos, genau diese Situation *kreierte*. Also hörte sie auf, dieses Wort zu benutzen, und kurz darauf wurde ihr eine gut bezahlte Stelle als Ingenieurin angeboten. Caryn erklärte: »Indem ich mir selbst und anderen nicht mehr sagte, ich sei arbeitslos, gelang es mir, sehr schnell Fülle in mein Leben zu bringen.«

Es ist nicht so, dass Caryn jetzt positive Worte und Affirmationen anstelle der negativen benutzte, sondern sie hörte einfach auf zu sagen: »Ich bin arbeitslos«, und alles änderte sich.

FÜLLE BEGINNT IM KOPF

Was Manifestationen betrifft, so bekommen Sie genau das, was Sie erwarten – jedes Mal, zuverlässig, ohne Ausnahme. In der Geschichte der Menschheit hat es nie einen Fall gegeben, wo ein Mensch reich oder arm oder irgendwo dazwischen war, ohne dass derjenige nicht an irgendeinem Punkt in seinem Leben *erwartete*, diesen Zustand zu erreichen. Manchmal lernen wir von unseren Eltern oder der Kultur, in der wir aufgewachsen sind, unsere Erwartungen niedrig zu halten. Das bedeutet, dass wir immer nur um das Allernötigste bitten. Fülle scheint etwas zu sein, das nur anderen Menschen zusteht.

Um Ihr Leben zum Besseren zu verändern und die negativen Gewohnheiten aus Ihrer Vergangenheit loszulassen, ist es unumgänglich, dass Sie Ihre Denk- und Sprechweise ändern. Wenn Sie auch durch negative Gedanken oder Worte nicht unbedingt in Schwierigkeiten geraten, werden Sie dennoch schnell erkennen, dass es sich jedes Mal, wenn Sie so denken oder reden, um eine vergeudete Gelegenheit handelt. Keine Situation auf Erden lässt sich durch Sorgen oder Klagen verbessern, während fast jede Situation optimiert werden kann, wenn sie positiv betrachtet wird.

Warum ist das so? In erster Linie, weil der positive Blick auf eine Situation Hoffnung zulässt. Diese Sichtweise erlaubt Ihnen, kreativ zu denken, um ein Problem zu lösen, anstatt die ganze Angelegenheit als

hoffnungslos zu erklären und aufzugeben. Hoffnung und Vertrauen sind magisch-positive Energien, die Lösungen, Entschlüsse und Gelegenheiten anziehen.

In praktischer Hinsicht ist es einfacher und angenehmer, Zeit mit positiven Menschen zu verbringen als mit Personen, die wir als ewige Nörgler oder als exzessiv negativ wahrnehmen. Es liegt in der menschlichen Natur, anderen zu helfen, die von sich aus alles in ihrer Kraft Stehende tun, um ihr Leben zu verbessern. Desgleichen sind andere wesentlich eher bereit, uns zu helfen, wenn wir versuchen, die Sonnenseite des Lebens und die positiven Aspekte einer Situation zu sehen. Und nicht zu vergessen: Jenseits dieser praktischen Auswirkungen liegen die spirituellen Implikationen unserer Gedanken und Worte.

Während der Recherche und des Schreibens an unserem früheren Buch *Engel-Worte* wurde klar, dass die Worte, die wir sagen und *wie* wir sie sagen, von einer echten Energie erfüllt sind. Positive Worte haben eine viel stärkere Energie als negative. Jedes Wort, das wir äußern, schießt in einer Geschwindigkeit von mehr als siebenhundert Meilen (ca. 1.100 Stundenkilometer) aus unserem Mund (Schallgeschwindigkeit). Auf der mikroskopischen Ebene kann zum Beispiel Kristallglas von Schallwellen geätzt oder gar zersplittert werden, und man darf davon ausgehen, dass alle physischen Objekte aufgrund ihrer engen Verbindung auf der atomaren Ebene ähnlich reagieren. Die Neurowis-

senschaft hat den Beweis erbracht, dass unsere Gedanken Energie enthalten. Daher ist es durchaus vorstellbar, dass positive Gedanken eine höhere Energie aufweisen als negative.

Wenn wir diese Energiekonzepte – zumindest vorübergehend – wertfrei akzeptieren können, sagt das eine Menge darüber aus, wie wir das manifestieren, was wir uns wirklich wünschen, anstatt etwas, das wir lieber vermeiden würden. Zu unserem Glück sind positive Worte und Gedanken viel machtvoller als negative. Angesichts dieser Tatsache können wir sofort jegliche potenziell unangenehmen Dinge oder Situationen, die auf uns zukommen, unwirksam machen, indem wir in dem Moment, wo es uns bewusst wird, negative Gedanken oder Worte in positive verwandeln.

Die vielleicht einfachste Art, über Manifestation zu reflektieren, besteht darin, sie – in einem metaphorischen Sinn – als eine Mahlzeit zu sehen (wie das Avocado-Sandwich im Kapitel *1. Botschaft*). Das Restaurant, wo Sie diese Mahlzeit bestellt haben, hat die umfangreichste Speisekarte, die Sie sich vorstellen können. Hier gibt es fast jedes Gericht, das von Menschen weltweit je kreiert wurde. Das hört sich fantastisch an, aber die Bedienungen haben keine eigene Meinung dazu. Sie könnten die ekelhaftesten Dinge bestellen, und sie würden nicht mal mit der Wimper zucken. Genauso könnten Sie die Spezialität des Hauses bestellen und von dem Servicepersonal eine ähnliche Reaktion bekommen – nämlich gar keine. Ihr Wunsch, Sie einfach nur Ihren

Wünschen entsprechend zu bedienen, setzt jegliche Gefühle oder Meinungen außer Kraft. Wenn Sie ein Omelett bestellen, während Sie in Wahrheit ein Sandwich möchten, wird davon ausgegangen, dass das, was Sie sagen, exakt das ist, was Sie meinen. Genauso verhält es sich mit unserem Leben.

Daher muss Genauigkeit der erste Schritt sein, wenn wir daran arbeiten, ein Ziel zu erreichen. Unsere hundertprozentige Überzeugung, dass wir Erfolg haben werden, darf nie ins Schwanken geraten. Obwohl es stimmt, dass wir jedes Mal, wenn wir einen negativen Weg einschlagen, wachsen und lernen, sollten wir danach streben, uns bis zu einem Grad zu disziplinieren, wo negatives Denken die Ausnahme ist und nicht die Regel.

Fast jeder kennt den Spruch: »Sei vorsichtig, was du dir wünschst – es könnte in Erfüllung gehen.« Niemals ist dieser Spruch wahrer, als wenn Sie versuchen, Ihre Wünsche zu manifestieren, da Sie nie wissen, wann Sie das bekommen oder erreichen, was Ihnen vorschwebt. Vielleicht wird es gut sein, vielleicht wird es schlecht sein. Fest steht, dass Sie nie wissen, wann es so weit ist.

Die meiste Zeit kommen gute Dinge in unser Leben. Nichtsdestotrotz bringen wir es von Zeit zu Zeit fertig, ein (metaphorisch) unappetitliches Mahl zu bestellen, das uns nicht bekommt. Doch jedes Mal, wenn wir erwarten, dass etwas Gutes auf dem Weg zu uns ist, kommt genau das (oder etwas Besseres) daher.

Dies mag überraschend erscheinen, denn es hat höchstwahrscheinlich Situationen in Ihrem Leben gegeben, wo Sie sich etwas gewünscht haben, und es ist nicht eingetreten. Warum war das so? Es gibt verschiedene Faktoren, die diesen speziellen Wunsch beeinträchtigt haben könnten. Vielleicht wollten Sie das Gewünschte nicht wirklich so sehr, wie Sie dachten. Auch wenn Sie es zunächst wollten, haben Sie bis zu dem Zeitpunkt, an dem das Gewünschte zu Ihnen kam, Ihre Meinung geändert. Vielleicht haben Sie schlicht den Fokus oder die Hoffnung darauf verloren, und »fünf Minuten vor dem Wunder aufgegeben«, wie es so schön heißt.

Am wahrscheinlichsten ist jedoch, dass das, was Sie sich wünschten, nicht Ihrem Besten gedient hätte – mit anderen Worten, dass es nicht gut für Sie war. Was immer auch passiert sein mag, es ist wichtig, diesen Moment in Ihrem Leben nicht als den entscheidenden Auslöser zu betrachten bei dem Versuch, etwas zu manifestieren. Selbst wenn Sie keine Ahnung haben, warum es nicht funktioniert hat, seien Sie versichert, dass es gleichwohl einen sehr guten Grund dafür gab.

Vergessen Sie nicht, dass Erwartungen Wünsche sind. Sie könnten um etwas bitten, aber tief in Ihrem Inneren erwarten Sie nicht, dass es eintritt. Sie machen Wünsche unwirksam, wenn Sie pessimistische Ge

danken bezüglich ihrer Realisierbarkeit hegen. Es ist ungeheuer wichtig, dass Sie an die Möglichkeit dessen glauben, worum Sie bitten. Wenn Sie zum Beispiel bei Ihrem Job um eine Gehaltserhöhung oder Beförderung bitten, doch tief in Ihrem Inneren daran zweifeln, dass sie Ihnen gewährt wird, sind Ihre Zweifel der Wunsch, der Ihren Fortschritt blockiert.

Ständig darüber nachzudenken, warum Sie nicht bekommen haben, was Sie wollten, wird Ihnen bei keinem Aspekt Ihres Lebens helfen, ganz zu schweigen, wenn es darum geht, wahren Reichtum zu manifestieren. Es ist viel wichtiger, sich in einer freudigen und optimistischen Weise auf die Zukunft zu fokussieren. Eine positive Denkweise beizubehalten sorgt dafür, dass Sie nur das in Ihr Leben bringen, was Sie wirklich wollen, und nicht das, wovor Sie sich fürchten.

Schon aus diesem Grund müssen Ängste überwunden werden, weil wir – als menschliche Wesen – so wundervoll begnadet sind, genau das eintreten zu lassen, was unsere Gedanken am meisten beschäftigt. Glücklicherweise werden wir alle jede Minute eines jeden Tages von göttlichen Wesen umsorgt und haben daher keinen wirklichen Grund, uns zu fürchten.

Diese Tatsache sollten Sie sich immer wieder vor Augen halten, um alle Dinge, die Sie lieber nicht in Ihrem Leben haben wollen, zu vergessen, und stattdessen Ihren Fokus auf das zu richten, was gut für Sie ist und Ihrem Besten dient. Wenn Sie sich nicht optimal fühlen oder

Ihre Situation Ihnen zusetzt, ist es äußerst wichtig, dass Sie auf Ihre Gedanken und Worte achten. Denn gerade dann, wenn Sie unter dem Einfluss starker Emotionen stehen, manifestieren sich Ihre Gedanken und Worte besonders schnell. In diesen Momenten sind Sie am meisten von dem überzeugt, was Sie wollen, und daher am klarsten in Ihren Wünschen. Dies ist der Schlüssel zu einer Denkweise der Fülle.

Hohe Energie führt zu schneller Manifestation

Wenn Sie Geld brauchen (oder irgendetwas anderes), können Sie Ihre Manifestationen beschleunigen, indem Sie Ihren eigenen Energielevel anheben. Je schneller und höher Ihre Vibration, desto schneller manifestieren sich Ihre Gedanken in physischer Form.

Die Engel der Fülle haben uns über einen unseligen Effekt informiert, der leider allzu oft zu beobachten ist: Ein Mensch ist deprimiert über sein Leben, und dann scheint alles andere blockiert zu werden. Ganz nach dem Motto: »Ein Unglück kommt selten allein.«

Um diese scheinbare Pechsträhne zu überwinden, müssen Sie die erste Hürde überwinden. Das bedeutet, dass Sie Ihren Energielevel erhöhen, damit Sie sich direkt mit den beschleunigten und hoch vibrierenden Energien des Universums verbinden können. Falls Sie diesen

Schritt überspringen, bedeutet das jedoch nicht, dass Sie unfähig sind, etwas zu manifestieren. Es bedeutet lediglich, dass Ihre Manifestationen unter Umständen länger brauchen, als Ihnen lieb ist.

In praktischer Hinsicht bedeutet eine Erhöhung Ihrer Energie, Dinge zu tun, die Sie vielleicht jetzt nicht tun wollen – zum Beispiel Sport treiben, sich entgiften und gesünder ernähren, ausreichend Schlaf und weitere Maßnahmen, die Sie körperlich und geistig fitter machen. Vielleicht denken Sie: *Ich kann besser für mich sorgen, wenn ich genug Geld habe, um mich sicher zu fühlen.* Doch das ist rückständiges Denken!

Zum Glück können die Engel Ihnen helfen. Wenden Sie sich an Erzengel Raphael, dessen Name »Gott heilt« bedeutet, damit er Ihnen hilft, Motivation zu manifestieren, Zeit, Geld, Kinderbetreuung, Transportmöglichkeiten und jede andere Form von Hilfe, die Sie brauchen, um Ihre Bedürfnisse erfüllen zu können. Hier ist ein Gebet, das Ihnen helfen kann, Ihren Wunsch nach einem gesunden Leben zu stärken:

»Lieber Gott und Erzengel Raphael, bitte hilf mir, mich gut um meinen physischen Körper zu kümmern. Ich möchte mich wohlfühlen, voller Vitalität und Energie. Bitte befreie mich von jeglichen Ängsten, die ich vielleicht im Hinblick auf eine harmonische Lebensweise habe. Bitte stärke meine Motivation zum Trainieren, mich gesund zu ernähren und optimal auf meinen physischen Körper zu achten. Danke. Amen.«

GESUND UND GUT ESSEN
BEI KNAPPEM BUDGET

Viele Menschen behaupten, dass sie sich besser ernähren würden, wenn sie mehr Geld hätten, denn dann könnten sie im Bioladen einkaufen. Doch auch hier handelt es sich um eine *rückständige* Denkweise. In Wahrheit ist es eine Investition in alle Aspekte Ihres Lebens – einschließlich Ihrer Finanzen –, wenn Sie sich gesund ernähren.

Wenn Sie auf dem Wochenmarkt einkaufen, im Bioladen, beim Bauern oder Ihr eigenes Obst und Gemüse anbauen, kosten diese biologischen Nahrungsmittel auch nicht mehr als die mit Pestiziden behandelten. In Anbetracht der gesundheitlichen Gefahren durch nicht-biologische Produkte bezahlen Sie für den Konsum toxischer Chemikalien auf andere Weise, was Sie letzten Endes wesentlich teurer zu stehen kommt.

Jeder sollte sein Bestes tun, so viel wie möglich unbehandelte und nicht genmodifizierte Nahrungsmittel zu essen. Achten Sie nach Möglichkeit darauf, dass Ihr Obst, Ihr Gemüse und Ihre Getreideprodukte biologisch angebaut sind.

Es geht jedoch die Mär um, dass biologische Nahrungsmittel für das durchschnittliche Konsumenten-Budget zu teuer sind. Wenn manche Bioläden auch tatsächlich mehr als herkömmliche Supermärkte verlangen, passen sich die Preise nach und nach an, indem immer mehr

Konsumenten biologische Lebensmittel verlangen. Wenn es in Ihrem örtlichen Supermarkt kein biologisches Gemüse, Obst und andere Nahrungsmittel gibt, bitten Sie den Filialleiter, es zu bestellen. Achten Sie dann darauf, diese Produkte *auch zu kaufen*, um den Filialleiter zu ermutigen, sie in sein Sortiment aufzunehmen.

Bauernmärkte, Genossenschaften und Ihr eigener Garten sind die preiswerteste Art, sich mit gesundem Obst und Gemüse zu versorgen. Außerdem profitieren Sie von den ökologischen, gesellschaftlichen und energetischen Vorteilen des Kaufs und Verzehrs lokal angebauter Nahrungsmittel!

Viele Familien verwandeln ihre Vorgärten in selbst angebaute Obst- und Gemüsegärten. Stellen Sie sich das Vergnügen vor, das Sie und Ihre Kinder haben werden, indem Sie gemeinsam gärtnern und Ihr eigenes Gemüse ernten. Wenn Sie keinen Garten haben, können Sie problemlos Obst, Gemüse und Salate in Blumenkästen auf dem Balkon ziehen. Außerdem gibt es Hydrokultur sowie Pflanzen, die durch Lichtbestrahlung wachsen und weder Erde noch Sonnenlicht brauchen. Jeder kann seine eigenen Tomatensorten und andere biologische Produkte anbauen!

GEHEN – DIE RICHTIGE RICHTUNG EINSCHLAGEN

Neben gesunder Ernährung erhöht auch körperliches Training Ihren Energielevel. Nicht jeder wird gleich vor Vergnügen auf ein Trampolin springen, mit dem Joggen anfangen oder ähnliche anstrengende Aktivitäten beginnen. Viele Menschen betrachten Fitness-Training als eine unangenehme Pflichtübung und erinnern sich schmerzlich an mörderische Turnstunden in der Schule, wo sie zehnmal um den Schulhof rennen mussten. Manche werden sagen: »Also gut, ich werde alle Übungen in diesem Buch ausprobieren, den Trainingsteil jedoch überspringen.« Andere, die seit einem halben Jahr oder länger hauptsächlich einer sitzenden Tätigkeit nachgegangen sind, sollten klugerweise vermeiden, sich umgehend in einem Aerobic-Kurs anzumelden. Besser ist es, wenn Sie körperliches Training nach und nach in Ihre Lebensweise integrieren.

Flottes Gehen ist eine schmerzlose Möglichkeit, körperliches Training sanft in Ihr Leben zu integrieren und Ihnen zu helfen, Fett und Kalorien zu verbrennen. Wenn es auch kein Aerobic-Programm ist (es sei denn, Sie gehen besonders schnell), wird es Sie in die richtige Richtung lenken und Sie vielleicht inspirieren, zu einem intensiveren Workout überzugehen. Zu diesem Geh-Programm gehört, dass Sie Ihrer normalen täglichen Routine drei weitere Aktivitäten hinzuzufügen:

1. Wenn Sie im Auto unterwegs sind, parken Sie es immer ganz hinten auf dem Parkplatz und gehen Sie den Rest zu Fuß – was Sie darüber hinaus vor den typischen Parkplatz-Beulen an Ihrem Auto bewahren wird. Wenn Sie mit öffentlichen Verkehrsmitteln fahren, und es ist ungefährlich und problemlos, steigen Sie eine Haltestelle vor Ihrem Ziel aus. Dies wird Ihnen Gelegenheiten geben, ein wenig zu Fuß zu gehen.

2. Nehmen Sie die Treppe anstatt Aufzug oder Rolltreppe. Sie müssen sich nicht drängeln und werden Ihr Ziel wahrscheinlich schneller erreichen, als wenn Sie auf den Aufzug warten.

3. Gehen Sie einmal am Tag eine halbe Stunde in Ihrer Umgebung spazieren. Machen Sie sich diese halbe Stunde zu einer festen Regel und halten Sie sich stets daran. Menschen, die dazu neigen, zu viel zu essen, sollten sich angewöhnen, nach dem Abendessen die Küche und das Haus zu verlassen und an die frische Luft zu gehen. Hausfrauen, Schichtarbeiter und Personen, die von zu Hause aus arbeiten, könnten morgendliche Spaziergänge machen, um ihren Stoffwechsel anzukurbeln. Andere könnten in ihre Sneakers schlüpfen und während der Mittagspause einen flotten Spaziergang einlegen. All dies sind natürliche Möglichkeiten, Kalorien zu verbrennen und die Versuchung zu vermeiden, mittags mehr zu essen als nötig.

Körperliches Training, wenn es erst einmal in Ihre Lebensweise integriert ist, hat einen Welleneffekt, der eine umfassend gesunde Denkweise schafft. Nachdem Sie die Mühe auf sich genommen haben, sich fit zu machen, werden Sie kaum die Neigung verspüren, Ihre Anstrengungen durch übermäßiges Essen zunichte zu machen.

Falls Ihr Terminplan einen Spaziergang nicht gestattet, weil Sie entweder spätabends nach Hause kommen oder sich nicht sicher fühlen, ein paarmal um den Block zu gehen, machen Sie einen Spaziergang in der Umgebung des nächstgelegenen Einkaufszentrums. Doch sorgen Sie dafür, sich von Konditoreien und Eiscafés fernzuhalten! Oder Sie können »auf der Stelle treten« oder ein auf langsam gestelltes Laufband benutzen, während Sie Ihre Lieblingsfernsehshow ansehen.

DAS OPTIMALE FITNESSTRAINING FÜR SIE

Bitte machen Sie nicht den Fehler zu warten, bis Sie in der Stimmung sind, mit einem Trainingsprogramm zu beginnen, weil dieser Tag vielleicht nie kommen wird. Stattdessen zwingen Sie sich dazu, jetzt sofort etwas für Ihren Körper zu tun. Falls Sie noch nicht Mitglied in einem Fitnessstudio sind, ist es vielleicht an der Zeit, sich anzumelden. Allein zu Hause zu trainieren erfordert eine Menge Selbstdisziplin – etwas, das die meisten von uns nicht besitzen, wenn sie eine Diät oder ein

Fitnessprogramm beginnen. Suchen Sie sich ein Studio aus, wo Sie sich wohlfühlen und das in der Nähe Ihres Hauses oder Arbeitsplatzes liegt, damit Sie auch tatsächlich mindestens viermal in der Woche dahin gehen.

Viele Menschen schämen sich, einem Fitnessstudio beizutreten, weil sie denken, dass sie zu übergewichtig sind, um in Shorts vor Fremden zu trainieren. Ich verstehe diese »unlogische Logik«, weil ich (Doreen) vor Jahren genauso gedacht habe. Es ist so, als wollte man das Haus putzen, bevor die Reinemachfrau kommt, damit sie nicht denkt, man sei eine Schlampe. Doch ist es heutzutage nicht nötig, in diese Falle zu stolpern: Fitnessstudios sind da, um Ihnen zu helfen, Ihre Muskeln zu stärken und überflüssiges Gewicht zu verlieren. Außerdem habe ich festgestellt, dass die meisten Leute, die in einem Fitnessclub trainieren – Frauen wie Männer –, zu versunken in ihrer eigenen Welt sind, um die anderen um sich herum wahrzunehmen. Wirklich wichtig ist, dass Sie sich für eine Aktivität entscheiden, die Ihnen Spaß macht, denn sonst wird es Ihnen noch schwerer fallen, sich zum Trainieren zu überreden.

Denken Sie an Ihre natürlichen Neigungen, wenn Sie sich entscheiden, welche Form von körperlichem Training für Sie die Richtige ist:

- ✣ Ziehen Sie es vor, allein zu sein? Dann werden Sie wahrscheinlich am besten zu Hause trainieren. Da niemand da ist, um Sie zum Trainieren anzuregen, werden Sie das Training in Ihren

täglichen Ablauf einplanen müssen. Das können Sie zum Beispiel tun, indem Sie Ihr Work-out mit einer anderen Aktivität verbinden, die bereits eine tief verankerte Angewohnheit ist – zum Beispiel Ihre mittägliche Seifenoper im Fernsehen oder Ihre Lieblingsradiosendung um 16 Uhr. Auf diese Weise werden Sie daran erinnert, dass es Zeit ist, Ihr Lieblingsprogramm zu sehen oder zu hören – und auf das Minitrampolin zu springen.

⊕ Ziehen Sie es vor, gemeinsam mit einer anderen Person zu trainieren? Dann sollten Sie sich vielleicht für eine Sportart entscheiden, die zwei Personen gleichzeitig genießen können, beispielsweise Tennis oder Squash. Ideal wäre es auch, wenn Sie und Ihr Trainingspartner einen Pakt schließen, sich gegenseitig sanft auch an den Tagen zum Trainieren zu »zwingen«, wenn Sie es vielleicht lieber lassen würden.

⊕ Sind Sie gern mit *vielen* anderen Menschen zusammen? Wenn ja, dann werden Sie wahrscheinlich Fitnessstudios vorziehen, in denen Aerobic, Yoga, Martial Arts oder Tanzkurse angeboten werden. Dort werden Sie Gelegenheit haben, neue Freunde kennenzulernen.

⊕ Sind Sie lieber drinnen als draußen? Dann wählen Sie ein Training, das in Fitnesszentren, Martial-Arts-Studios,

Tanzsälen, Tennishallen oder Swimmingpools stattfindet – oder Sie trainieren zu Hause.

⊕ Sind Sie lieber im Freien? Dann wären Tennis, Fahrrad- oder Kajakfahren, Team-Sportarten, Jogging, Wandern oder schnelles Gehen genau das Richtige für Sie.

⊕ Möchten Sie Stress abbauen? Dann wären Sie wahrscheinlich am glücklichsten mit einem Fitnessprogramm für Körper, Geist und Seele wie zum Beispiel Yoga, Tai-Chi oder Felsenklettern.

⊕ Möchten Sie Ihre Muskeln kräftigen? In diesem Falle würde Ihr idealer Sport mit einem Gewicht-Work-out zu tun haben, unter anderem Hanteln, aber auch Yoga, Jogging auf sandigem Boden oder Seilspring-Kurse sind geeignet.

Es gibt noch weitere Überlegungen, die Sie nicht außer Acht lassen sollten – zum Beispiel Ihr Budget. Manche Trainingsprogramme wie Tennis oder die Mitgliedschaft in einem Fitnessstudio können ziemlich kostspielig in Anbetracht der erforderlichen Outfits, Schuhe und der Beiträge werden. Als ich (Doreen) Mitglied eines Fitnessclubs war, habe ich in erster Linie die Crosstrainer und Hanteln benutzt. Irgendwann stellte ich fest, dass es wesentlich preiswerter war, meinen eigenen Crosstrainer und Hanteln zu kaufen und die monatlichen Beiträge für das Fitnesscenter zu sparen (und außerdem die Schlangen zu vermei-

den, die sich jedes Mal vor dem Treppensteig-Gerät bildeten). Andere Fitness-Programme wie beispielsweise schnelles Gehen oder die Benutzung von Exercise-Videos kosten praktisch nichts (wenn Sie auch darauf achten sollten, das richtige Schuhwerk zu tragen, egal, für welche Art von Training Sie sich entscheiden.)

ACHTEN SIE DARAUF, MOTIVIERT ZU BLEIBEN

Wie oft sind Sie schon einem Fitnessstudio beigetreten, haben Trainingsausrüstung gekauft oder sich einer Jogging-Routine verschrieben, nur um alles einen Monat später wieder aufzugeben? Wenn Sie darauf antworten: »Zu häufig, um mich daran erinnern zu können«, geht es Ihnen vermutlich wie vielen Menschen. Körperliches Fitnesstraining ist in der Regel das Erste, was auf der Strecke bleibt, wenn der Terminplan voll ist. Manche Menschen empfinden den ersten Schritt als den schwersten; doch sobald sie sich auf eine Trainings-Routine einlassen, macht es ihnen bald so viel Spaß, dass sie nicht mehr damit aufhören wollen. Doch für die meisten von uns ist das Dranbleiben am schwierigsten. Wir laufen, stemmen Gewichte oder schwimmen uns in Form – und dann hören wir aus dem einen oder anderen Grund mit dem Training auf. Und wenn wir aufhören, fangen wir oft wieder an, zu viel zu essen.

Nehmen Sie sich dieses Mal vor, Ihre guten Vorsätze durchzuhalten! Vergessen Sie nicht, ein Trainingsprogramm ist nie »zu Ende«. Wir kommen nicht einfach eines Tages in Form und sagen: »Okay, genug trainiert, jetzt kann ich für immer damit aufhören.«

Hier sind einige Tipps, die Ihnen helfen werden, an Ihrem Work-out-Programm festzuhalten. Probieren Sie diese aus – sie helfen wirklich!

⊕ Wenn Sie den Sport mögen, für den Sie sich entschieden haben, wird es Ihnen leichter fallen, damit weiterzumachen. Vergessen Sie nicht, dass es ein wenig dauern kann, die Aktivität zu finden, die für Sie richtig ist. Also haben Sie Geduld, falls sich das Training, dem Sie sich gegenwärtig verschrieben haben, nicht hundertprozentig richtig anfühlt. Aber anstatt das Trainieren nun komplett aufzugeben, sollten Sie sich lieber eine andere Sportart suchen.

⊕ Planen Sie Ihr Training zeitlich genauso in Ihren Tagesablauf ein wie jede andere wichtige Aktivität. Notieren Sie in Ihrem Kalender, an welchen Tagen Sie trainieren wollen. Versuchen Sie, bei der Planung Ihrer Fitnessstunden realistisch zu sein, um selbst verursachte Frustrationen zu vermeiden. Außerdem ist es klug, Ihr Training in eine Zeit zu legen, wo Ihre Energie am höchsten ist und Ihnen das Trainieren mehr Spaß macht

(wenn Sie zum Beispiel ein »Morgenmensch« sind, verlegen Sie Ihr Work-out in die Morgenstunden).

⊕ Betrachten Sie Trainieren nicht als etwas, das Sie je nach Laune tun oder lassen können. Genauso wie Sie es sich nicht im Traum einfallen lassen würden, ein wichtiges Treffen oder einen Arzttermin sausen zu lassen, sollten Sie Ihr Versprechen sich selbst gegenüber halten und jedes Mal trainieren, wenn Ihr Terminkalender es vorsieht.

⊕ Wenn Sie anfangen, mit sich selbst zu argumentieren, warum Sie keine Zeit zum Trainieren haben, sagen Sie *Stopp*! Geben Sie sich nicht die Chance, auch nur darüber *nachzudenken*, mit dem Trainieren aufzuhören. Schließlich führen Sie auch keine Dispute mit sich selbst, ob Sie sich jeden Tag duschen, oder? Natürlich nicht! Sagen Sie jemals: »Ich habe heute keine Zeit, mir die Haare zu kämmen und meine Zähne zu putzen?« Nein. Trainieren sollte von nun an in die Kategorie von den Dingen gehören, die Sie automatisch tun, wie zum Beispiel sich zu pflegen und anzuziehen.

⊕ Kaufen Sie sich ein neues Trainings-Outfit oder ein paar neue Sneakers. Sich attraktiv zu fühlen ist der beste Anreiz zum Trainieren. Genauso wie Sie wahrscheinlich fröhlicher sind,

wenn Sie in einem gut sitzenden neuen Kleid zur Arbeit gehen, werden Sie sich mehr auf Ihr Work-out freuen, wenn Sie wissen, dass Sie toll aussehen.

✤ Belohnen Sie sich selbst fürs Trainieren, aber warten Sie damit bis nach Ihrem Work-out. Zum Beispiel können Sie Ihren abendlichen Snack auf einen späteren Zeitpunkt verlegen. Oder stecken Sie nach jedem Training einen Euro in ein Sparschwein. Gönnen Sie sich dafür einmal in der Woche oder im Monat etwas, das Ihnen gefällt.

✤ Bitten Sie um spirituelle Unterstützung, damit Ihre Motivation, gut auf Ihren Körper zu achten, gestärkt wird. Gott erfüllt *alle* unsere Bedürfnisse, auch die emotionalen. Jedoch müssen wir uns daran erinnern, um Hilfe zu bitten, wie es in der *1. Botschaft* gezeigt wurde.

✤ Teamsportarten können sowohl Ihr Fitnessprogramm zu einem größeren Vergnügen machen als auch dafür sorgen, dass Sie motiviert bleiben. Erkundigen Sie sich bei Ihrer örtlichen Parkverwaltung oder Volkshochschule, ob es einen Volleyball-, Handball- oder Fußballverein gibt, dem Sie beitreten können.

✤ Überlegen Sie sich, ob Sie einen Personal Trainer beschäftigen wollen. Er oder sie wird Ihnen helfen, ein Trainingsprogramm

zu entwickeln, das Ihren individuellen Zielen und Bedürfnissen entspricht. Der Personal Trainer wird Sie durch Ihr Work-out begleiten – entweder zu Hause oder im Fitnessstudio –, um dafür zu sorgen, dass Sie jede Übung sicher und gründlich durchführen. Eine kluge Freundin von mir bezahlte ihren Personal Trainer für drei Monate im Voraus. Auf diese Weise war sie sicher, dass sie das Training nicht aufgeben würde, so wie sie es in der Vergangenheit des Öfteren getan hatte. Außerdem gewährte der Personal Trainer ihr aufgrund der Vorauszahlung einen beachtlichen Rabatt. Um zu erfahren, wie viel ein Personal Trainer kostet, wenden Sie sich an ein Fitnessstudio in Ihrer Nähe.

⊕ Mit einem Freund oder einer Freundin zu trainieren ist eine andere Möglichkeit, Ihre Motivation beizubehalten, Spaß zu haben und mit jemandem reden zu können, während Sie trainieren. Schließen Sie einen Pakt miteinander, keinerlei Ausreden zu akzeptieren. Dadurch werden Sie in der Lage sein, sich gegenseitig anzufeuern, bei der Stange zu bleiben.

⊕ Organisieren Sie einen »Geh-Club« mit Ihren Nachbarn. Wenn vier oder fünf von Ihnen gemeinsam gehen, bietet dies Gelegenheit zu jeder Menge anregender Konversation, und vielleicht fühlen Sie sich sicherer, wenn Sie in einer Gruppe spazieren gehen.

⊕ Gehen Sie Ihr Fitnessprogramm immer nur einen Tag nach dem anderen an. Setzen Sie sich leicht erreichbare Ziele und üben Sie sich in Geduld, während Sie allmählich Ihr Jogging-Pensum erhöhen, aerobische Durchhaltekraft entwickeln oder zunehmend schwerere Gewichte heben. Vergleichen Sie sich nicht mit anderen, es sei denn als Möglichkeit, sich zukünftige Ziele zu setzen.

⊕ Ausreden (außer Krankheit oder Verletzung) sind nicht akzeptabel, wenn es darum geht, Ihre Trainingsroutine zu unterbrechen. Wenn Sie – nachdem Sie hundertprozentig ehrlich mit sich selbst waren– entscheiden, dass Sie an diesem Morgen wirklich nicht wie geplant trainieren können, dann verlegen Sie Ihr Work-out auf den Abend. Vergessen Sie nicht, Ausreden und Entschuldigungen werden Ihre Energie nicht auf einen Level heben, der Fülle anzieht.

⊕ Manche Menschen geben ihr Trainingsprogramm auf, weil sie es übertrieben haben und »Trainings-Burn-out« die Folge ist. Seien Sie realistisch, wenn Sie ein Fitnessprogramm in Ihr Leben integrieren wollen, und achten Sie darauf, ein Gleichgewicht zwischen zu wenig und zu viel Training zu bewahren.

⊕ Sie gehen für ein Wochenende oder eine Konferenz in ein
Hotel? Kein Grund, Ihre Fitness-Routine zu unterbrechen. Ein
solches Wochenende unterbricht häufig das Trainingsmuster
und kann Sie verführen, Ihr Fitnessprogramm komplett zu
stoppen. Reservieren Sie nach Möglichkeit nur Zimmer in
Hotels, die Fitnessräume haben, Jogging-Wege oder Informationen bezüglich in der Nähe gelegener Fitnessstudios mit
Business-Arrangements für Hotelgäste.

⊕ Viele Leute stellen fest, dass Aerobic-Übungen kreative Ideen
entfachen. Das hat mit der erhöhten Sauerstoffaufnahme und
Serotonin-Produktion zu tun. Aus diesem Grund möchten Sie
vielleicht einen kleinen Tape-Recorder oder Papier und Stift
zu Ihrem Work-out mitnehmen, damit Sie Ihre Ideen sofort
festhalten können. Das wird Ihre Fitness-Routine nachhaltiger
machen.

⊕ Wenn Ihre Motivation zum Trainieren wirklich extrem niedrig
ist, versuchen Sie es mit meinem »15 Minuten Pakt mit mir
selbst«. Sagen Sie sich selbst: »Ich werde 15 Minuten lang
trainieren. Wenn ich danach das Gefühl habe, aufhören zu
wollen, dann höre ich auf. Schließlich sind 15 Minuten Training
besser als nichts.« Ich kann Ihnen nahezu garantieren, dass Sie
nach Ablauf der 15 Minuten weitertrainieren wollen.

Regelmäßiges Körpertraining ist genauso wichtig wie alle anderen Aktionen zur Erhöhung Ihres Energielevels. Daher unterbrechen Sie Ihre Routine bitte nicht. Erinnern Sie sich: Fitness ist ein Muss, damit Sie gesund bleiben!

ENGEL-DETOX

Die Engel können Ihnen helfen, sich von allem und jedem zu entgiften, was Ihre Energie herunterzieht. Vergessen Sie nicht, dass das *Wie* im Hinblick auf die positiven Veränderungen Gott überlassen bleibt. Bitte machen Sie sich keine Sorgen darüber, wie Sie Ihr Leben entgiften werden, da Sorgen und Ängste zu den giftigsten und energieraubendsten Aktivitäten gehören, die man sich vorstellen kann.

Betrachten Sie Ihr Leben als einen Heißluftballon, der immer höher und höher steigen will. Welche überflüssigen Gewichte müssen über Bord geworfen werden? Wie lautet die erste Antwort, die Ihnen spontan einfällt? Vertrauen Sie dieser Antwort!

Bitten Sie Gott und die Engel, Ihnen Unterstützung und Hilfe zu gewähren, damit Sie positive Veränderungen in Ihrem Leben vornehmen können, doch vergessen Sie nie, dass das Warten auf mehr Geld, um den nächsten Schritt zu tun, rückständig ist. Sie müssen *zuerst* die positiven Veränderungen angehen, und *dann* wird Ihnen Fülle zufließen.

AN DIE ARBEIT!

Fülle zu manifestieren heißt, dass Sie in Zusammenarbeit mit dem Himmel alles in Ihren Kräften Stehende tun und Ihren Teil dazu beitragen. Der Begriff dafür lautet: *Co-Kreation oder Mit-Schöpfung.*

Es reicht nicht, herumzusitzen und sich in positivem Denken zu üben. Sicher, positive Gedanken werden wundervolle Gelegenheiten anziehen. Dennoch müssen Sie das Tor dieser wundervollen Gelegenheiten selbst durchschreiten!

Wir regen uns immer wieder über spirituelle Bücher auf, in denen behauptet wird, dass das Geheimnis der Manifestation darin besteht, einfach nur positiv zu denken. Das führt bei den Lesern unweigerlich zu Enttäuschungen. Sie verlieren das Vertrauen ins positive Denken, weil es nicht so funktioniert, wie es diese Bücher versprochen haben!

Das wahre Geheimnis besteht darin, dass positives Denken eine entscheidende Zutat im Rezept für Manifestation ist. Die anderen Zutaten werden in diesem Buch beschrieben. Sie würden ja auch nicht erwarten, einen köstlichen Kuchen mit Mehl als einziger Zutat backen zu können, doch genauso wäre es, wenn Sie sich ausschließlich auf positives Denken verlassen.

Die Botschaft der Engel der Fülle bezieht sich darauf, dass wir Menschen mit den uns möglichen Handlungsschritten unseren Teil dazu beitragen.

Ein Beispiel: Um dieses Buch zu schreiben, mussten wir uns hinsetzen und die Worte in den Computer tippen. Das Buch hat sich nicht auf magische Weise aus einer Wolke am Himmel manifestiert. Egal, wie intensiv wir das fertige Buch visualisiert haben, und unabhängig davon, wie positiv unsere Gedanken waren, es gäbe die Seiten dieses Buches nicht ohne die menschlich-physischen Schritte, die nötig sind, um sie zu schreiben. Und Schreiben hieß, dass wir *Nein* sagen mussten zu jeglichen Ablenkungen und anderen Aktivitäten. Außerdem mussten wir *Nein* sagen zu allen ego-basierten Zerstreuungen, die uns davon abhalten wollten, dieses Buch zu vollenden.

VERZÖGERUNGSTAKTIKEN

Die Engel haben uns darüber aufgeklärt, wie das Ego bei dem Versuch vorgeht, uns von unserer Lebensaufgabe abzulenken. Die Engel nennen diesen Prozess »Verzögerungstaktiken«.

Hierbei handelt es sich um alle Verhaltensweisen, die Ihre Zeit und Energie in Anspruch nehmen, damit Sie nicht genug übrig haben, um sich auf Ihre wahren Prioritäten zu fokussieren. Verzögerungstaktiken sind in der Regel Verhaltensformen, die Sie zwanghaft auf die eine oder andere Weise praktizieren, um Ihre Ängste zu kompensieren. Zu den am weitesten verbreiteten Verzögerungstaktiken gehören unter anderem:

- ⊕ zu viel essen
- ⊕ Drogenmissbrauch
- ⊕ zwanghaftes Internet-Surfing
- ⊕ zwanghaftes Einkaufen
- ⊕ permanentes Grübeln

Gut für sich selbst zu sorgen bedeutet auch, sich ohne Ausnahme mindestens eine Stunde am Tag auf Ihre Passionen, Prioritäten und Aufgaben (die in der Regel ein und dasselbe sind) zu fokussieren.

Dazu gehört ebenso der Mut, sich Ihrem Suchtverhalten und anderen Verzögerungstaktiken zu stellen. Sollten Sie Ihre Sucht allein nicht

unter Kontrolle bekommen, holen Sie sich professionelle Hilfe, einschließlich Online- und kostenlose Hilfsgruppen wie *Anonyme Alkoholiker*. Es gibt 12-Schritte-Programme für beinahe jede Sucht, seien es Essstörungen, zwanghaftes Einkaufen, abhängige Beziehungen und Drogenmissbrauch. Es gibt sogar wundervolle und kostenlose Online-12-Schritte-Treffen, die Sie problemlos im Internet finden können.

Viele dieser Suchtverhalten sind in Wahrheit Versuche, mehr Frieden und Glück zu erlangen. Das Ego flüstert Ihnen ein, dass Sie durch ein Glas Wein mehr, ein weiteres neues Kleid, eine neue Beziehung, eine weitere Zigarette und so weiter endlich glücklich werden und inneren Frieden finden. Seien Sie ehrlich mit sich selbst, indem Sie erkennen, dass Ihre persönliche Verzögerungstaktik das Gegenteil erreicht und in Wahrheit Ihr Glück, Ihre Gesundheit und Ihre Aufgabe beeinträchtigt hat. Führen Sie ein Gespräch mit Ihrer Verzögerungstaktik und verabschieden Sie sich davon. Seien Sie bereit, sich selbst und jedem anderen zu vergeben, der Ihre Verzögerungstaktik ermöglicht hat.

Jede Erfahrung, die Sie je gemacht haben, war sowohl ein Lehrer als auch eine Gelegenheit zu lernen und zu wachsen. Daher haben Ihnen alle Verzögerungstaktiken, die Sie benutzt haben, etwas Wichtiges gezeigt und Ihnen Segnungen gebracht, selbst wenn Sie das in diesem Moment nicht sehen können.

Verzögerungstaktiken verhindern, dass Sie Ihren Weg weitergehen. Sie zeigen die Art, wie Ihr Unbewusstes und Ihr Ego Sie davon abhält,

jemals Ablehnung oder Enttäuschung zu erfahren, wenn es um die Verwirklichung Ihrer Träume geht. Verzögerungstaktiken erlauben Ihren Träumen, in einer Warteschleife stecken zu bleiben. So vermeiden Sie das schmerzliche Gefühl, das sich einstellt, sollten sich Ihre Träume nicht realisieren lassen.

RISIKEN EINGEHEN
UND ÄNGSTE ÜBERWINDEN

Wir schieben Handlungsschritte auf, weil das Ego sagt, dass es gefährlich ist, wenn wir versuchten, unsere Träume zu verwirklichen. Das Ego redet uns ein, dass wir versagen, ausgelacht oder abgelehnt werden und wahrscheinlich jeden und alles verlieren, was uns wichtig ist.

Aber Träume, genau wie Lotterielose, können nur wahr werden, wenn Sie ihnen eine Chance geben. Die Wahrheit ist, dass jeder erfolgreiche Mensch Unsicherheiten kannte und kennt. Niemand freut sich über Versagen oder Ablehnung!

Alle erfolgreichen Menschen mussten auch emotionale, finanzielle und zuweilen physische Risiken eingehen, um ihre Träume Wirklichkeit werden zu lassen. Ein Einzelhändler muss das Risiko eingehen, Geld zu verlieren, wenn er ein Geschäft eröffnet. Ein Autor muss Ablehnung riskieren und die Tatsache, dass er unter Umständen Tage und Wochen seiner Zeit mit Schreiben und dem Versuch vergeudet,

einen Verlag zu finden, der sein Buch veröffentlichen wird. Ein Maler riskiert Demütigung, wenn andere seine Bilder nicht schätzen. Und Aktivisten gehen das Risiko ein, als Verschwörungstheoretiker oder paranoid bezeichnet zu werden, weil sie Probleme in der Gesellschaft zur Sprache bringen.

Im Leben auf Nummer sicher zu gehen bringt Sie nicht weiter. Die Regeln einzuhalten gibt Ihnen keine 1+ im Leben. Im Himmel gibt es niemanden mit einem Klemmbrett, der jede Ihrer Handlungen beurteilt und benotet.

Auf dem Weg zur Manifestation wird es Rückschläge und Momente geben, die nicht lustig sind. Wir haben ertragen müssen, dass man uns verspottet hat und Schlimmeres. Öffentlich einen Standpunkt einzunehmen macht Sie immer verletzbar für Angriffe von Lehnstuhl-Kritikern.

Doch wissen Sie was? Jede dieser Erfahrungen war eine wertvolle Lebenslektion. Und das Gleiche gilt für Sie. Wenn jemand Sie kritisiert, bedeutet dies, dass er oder sie eine Menge ungenutzter Zeit zur Verfügung hat, um andere zu verurteilen. Zeit, die der Betreffende in Wahrheit seiner Lebensaufgabe widmen sollte, meinen Sie nicht auch?

Verbringen Sie jeden Tag mindestens eine Stunde damit, auf Ihren Traum *hinzuarbeiten*. Es spielt keine Rolle, *was* Sie tun, nur *dass* Sie etwas tun in Bezug auf Ihren Traum – und Fülle wird unweigerlich folgen.

VISUALISIEREN SIE ERFOLG

Die Engel der Fülle haben der Welt eine Botschaft zu bringen, indem sie Stress vernichten, der aufgrund von Mangel und Einschränkungen entstanden ist.

Diese Engel unterstützen unsere Lebensaufgabe, indem sie uns helfen, unsere Wünsche zu visualisieren. Sie wissen, dass wir das, was wir visualisieren, bekommen werden. Deshalb erinnern sie uns mit sanftem Drängen, immer positive, liebevolle Vorstellungen zu bewahren, die wir wirklich manifestieren wollen.

Dies ist der hauptsächliche Grund, warum die Engel uns auffordern, Bilder und Filme zu meiden, die Negativität oder Gewalt darstellen. Die Engel möchten, dass wir Dinge sehen, die uns Freude anstatt Schmerz bringen.

Zum Glück ist Visualisierung etwas, das sich auffallend leicht erklären und praktizieren lässt. Wenn man diesen Prozess auch kompliziert und schwer erlernbar machen kann, können wir Ihnen versichern, dass es sich dabei höchstwahrscheinlich um etwas handelt, das Sie bereits tun.

DIE MAGIE DER IMAGINATION

Wie wir schon erwähnt haben, sind wir alle mit der Fähigkeit zur Imagination auf die Welt gekommen. Manche von uns haben lediglich vergessen, wie man sie benutzen kann. Bedenken Sie die Tatsache, dass Kinder im Vergleich zu Erwachsenen eine bemerkenswerte Vorstellungskraft besitzen. Liegt es daran, dass wir nach und nach von der »realen Welt« entzaubert werden? Oder könnte es sein, dass wir im Laufe der Jahre vergessen haben, dass unsere Welt nicht die einzig »reale« ist, die es gibt?

Und es ist exakt der Moment, wenn wir vergessen oder bestreiten, dass Magie existiert, wo wir unsere Erfahrungen in der heutigen Welt einschränken. Sicher können wir die Argumente vieler Menschen verstehen, die sagen, dass sie schlicht keine Zeit für derart kindischen Unfug haben. Andere werden behaupten, dass die gesellschaftlichen Verhältnisse das Problem sind, oder dass ihre Familie sie blockiert. Wenn alle diese Argumente in der physischen Welt durchaus zutreffen

können, so hat ihr Mangel an Zeit mehr damit zu tun, dass sie so hingerissen sind von der »realen« Welt und sich gar nicht vorstellen können, dass eine andere existiert. Darüber hinaus weigern sie sich, die zur Verfügung stehenden Werkzeuge zu benutzen, die ihnen zeigen würden, dass sie in Wahrheit genug Zeit haben.

Visualisierung ist einfach eine Methode, ein Bild in Ihrem Inneren hervorzurufen. Nichts leichter als das! Stellen Sie sich so detailliert wie möglich vor, was Sie heute Morgen zum Frühstück hatten. Visualisieren Sie den Teller, den Sie benutzt, und die Utensilien, mit denen Sie gegessen haben. Stellen Sie sich die Konsistenz, den Geschmack und Geruch des Essens vor. Können Sie das Frühstück wirklich vor Ihrem inneren Auge sehen? Ist es so real, dass Sie es beinahe schmecken können?

Glückwunsch! Das ist Visualisierung. Machen Sie sich keine Sorgen, wenn Sie mit dieser Übung nicht jedes einzelne Detail visualisieren konnten. Wie alles andere auch erfordert diese Technik Übung, um sie zu perfektionieren. Das kann eine Weile dauern und wiederholtes Üben erforderlich machen, doch betrachten Sie es als ein Training für Ihre neue Aufgabe: die Manifestierung Ihrer Wünsche, und dies nicht nur dann, wenn Sie etwas Bestimmtes wollen oder benötigen, sondern jede Minute eines jeden Tages. In Wahrheit visualisieren und manifestieren Sie ständig, und haben es seit jeher getan.

So wie bei jeder anderen Fertigkeit können Sie trainieren, Ihre Visualisierungsfähigkeiten zu verbessern. Eine Methode, Ihre Fertigkeit

zu verfeinern, besteht darin, eine Zeit lang ein Objekt anzuschauen, dann Ihre Augen zu schließen und es sich mental vorzustellen. Öffnen Sie Ihre Augen und schauen Sie sich das Objekt erneut an, bevor Sie sie wieder schließen und diesen Vorgang so lange wiederholen, bis Ihre innere Vision mit Ihrer physischen Sicht des Objektes übereinstimmt. Je mehr Einzelheiten Sie vor Ihrem inneren Auge sehen können, desto besser.

Bitte sagen Sie nicht, Sie seien »einfach nicht visuell begabt«, denn das stimmt nicht. Jeder von uns hat die angeborene Fähigkeit zu visualisieren. Tatsächlich besteht die optimale Möglichkeit, Ihre Visualisierungen aufzubessern, darin, immer wieder zu affirmieren: »Ich bin sehr visuell«. Affirmieren Sie immer das, was Sie sich wünschen, anstatt über das zu klagen, was Sie nicht zu haben scheinen. Affirmationen ziehen das Gute an, während Klagen und Beschwerden es wegstoßen.

Falls Sie aus irgendeinem Grund nicht zufrieden waren mit dem Grad der Details in Ihrer Visualisierung oder Ihrer Fähigkeit, sich das mentale Bild vorzustellen, das Sie erreichen wollten, ist *jetzt* der Moment gekommen, an diesem scheinbaren Problem zu arbeiten.

Visualisierung ist eine Technik, die Sie perfekt beherrschen wollen, bevor Sie den nächsten Schritt tun.

Wir wissen, dass die Übung, die wir beschrieben haben, zwar leicht ist, aber dennoch zeitaufwendig sein kann. Zudem ist es unter Umständen eine Herausforderung, eine weitere Praktik in Ihren schon jetzt

übervollen Terminplan einzubauen. Doch bedenken Sie die folgenden Aspekte, wenn Sie die Zeit für Visualisierungs-Übungen einplanen:

1. Sie können diese Technik beinahe überall praktizieren. Sicherlich ist es keine gute Idee, beim Autofahren zu visualisieren, doch Sie können es definitiv während Ihrer Mittagspause tun. Sie können visualisieren, während Sie beim Telefonieren in der Warteschleife sind oder beim Fernsehen. Außerdem empfiehlt es sich, abends im Bett zu üben. Visualisierungen können dann sogar sehr entspannend und schlaffördernd sein.

2. Der Lohn für das Erlernen dieser Technik kann außerordentlich positiv sein.

Der Grund, warum wir Sie ermutigen, Ihre Visualisierungsfähigkeiten häufig zu praktizieren, ist simpel: Wenn Sie mit der Anzahl der Einzelheiten zufrieden sind, die Sie sehen, dann macht es diese Technik umso einfacher für Sie. Sie wollen nicht durch den Wunsch abgelenkt werden, besser visualisieren zu können. Außerdem hat die Qualität der Visualisierung tatsächlich viel damit zu tun, wie gut Sie manifestieren. Sicher, wenn Sie versuchen, hochspezielle Dinge zu manifestieren, werden Sie jede Menge Details sehen wollen. Schließlich muss Ihr Bild wesentlich spezifischer sein, wenn Sie zum Beispiel genau wissen, dass Sie einen '58er anstatt einen '57er Chevrolet Corvette haben wollen.

Ähnliches gilt, wenn Sie ein Traumhaus oder einen Traumberuf manifestieren wollen. Auch dann müssen Sie in der Lage sein, ein möglichst spezifisches und detailliertes Bild zu visualisieren.

Andererseits ist »Beschreiben« eine Blockade für jede Manifestation. Beschreiben bedeutet, dass Sie Gott ein Drehbuch mit der genauen Anleitung überreichen, wie er Ihnen helfen soll. Sie wollen dann die Kontrolle über die spezifische Weise behalten, wie Ihre Gebete beantwortet werden. Visualisieren bedeutet, Ihre Erwartungen zu erhöhen, ohne sich mit Sorgen einzumischen oder zu kontrollieren versuchen, *wie* Ihre Manifestation sich zeigen wird. Solange es auf eine ethische und friedvolle Weise passiert, spielt es keine Rolle, wie Ihre Gebete beantwortet werden – nur *dass* sie beantwortet werden!

Darüber hinaus liegen unsere Erwartungen zuweilen niedriger als die Wünsche des Himmels für uns. Genau wie jeder liebende Elternteil wünscht auch Ihr Schöpfer nur das Beste für Sie und jeden von uns. Wir lieben das folgende Gebet, das wir auch schon in der *1. Botschaft* erwähnt haben und das die Befürchtungen darüber beseitigt, um das »Falsche« zu bitten:

»Dies oder etwas Besseres, lieber Gott.«

Visualisieren Sie mit all Ihren Sinnen! *Sehen* Sie nicht nur sich selbst, wie Sie mit Fülle gesegnet sind, sondern spüren Sie dieses Gefühl in

Ihrem *ganzen Körper*. Stellen Sie sich das Gefühl vor, völlig in Sicherheit und geborgen zu sein. Richten Sie Ihren Fokus darauf und bitten Sie den Himmel, Ihnen zu helfen, sich immer so zu fühlen. Vergessen Sie nicht, alle Gebete werden beantwortet, einschließlich Ihrer Bitte um Sicherheit und Geborgenheit.

Nach unserer Erfahrung scheinen die meisten Menschen sich unnötige Sorgen darüber zu machen, etwas Falsches zu tun. Um ganz ehrlich zu sein: Der einzige Fehler, den ein Mensch beim Manifestieren machen kann, ist der, es nicht zu versuchen. Wenn Menschen vergessen, dass sie diese Macht haben, neigen sie dazu, in Negativität zu versinken und aus Versehen alle Arten von Dingen zu manifestieren, die sie in Wahrheit niemals haben wollten.

Stellen Sie sich zum Beispiel jemanden vor, den die Gesellschaft in der Regel als »Schwarzseher« bezeichnet – also eine Person, die sich übermäßig oder grundlos Sorgen macht. An irgendeinem Punkt in Ihrem Leben haben Sie sicher schon jemanden gekannt, auf den diese Beschreibung zutrifft. Das Traurige an dieser Sache ist, dass die ständige Besorgnis des Schwarzsehers – auch wenn er oder sie immer nur die besten Intentionen hat – zuweilen genau die Dinge anzieht, die er fürchtet. Wenn ihnen diese Tatsache bewusst wäre, würden die meisten Menschen mit Sicherheit ein permanentes Sich-Sorgen vermeiden.

WERKZEUGE FÜR VISUALISIERUNG

Manche Menschen empfinden den Gebrauch von physischen Bildern als ungeheuer hilfreich. Wenn Sie ein besonders visueller Mensch sind, würde es Ihnen vielleicht Spaß machen, ein Korkbrett zu kaufen und Abbildungen der Dinge anzuheften, die Sie zu manifestieren versuchen. Oder Sie können aus einem großen Stück Pappe ein »Traumbrett« fabrizieren, auf das Sie Bilder und Worte kleben, die Ihre Wünsche repräsentieren.

Diese visuellen Werkzeuge dienen zwei Zielen: Erstens helfen sie Ihnen, sich sehr genau daran zu erinnern, wie Ihre Wünsche aussehen; und zweitens erinnern sie Sie daran, fokussiert auf das zu bleiben, was Sie erreichen wollen. Wenn es um Visualisierung und Manifestation geht, ist das Beste, was Sie tun können, sich wie ein Laserstrahl auf das Gewünschte einzuschießen.

Während Sie Ihre Wünsche oder Bedürfnisse visualisieren, befinden Sie sich bereits im Prozess der Manifestation. Es kann tatsächlich so einfach und mühelos sein. Je mehr Sie sich fokussieren, desto genauer können Sie steuern, was in Ihrem Leben zu Ihnen kommt. Wenn wir über das knifflige Thema »Glück« reden, meinen wir in Wahrheit Manifestation. Bedeutet dies, dass Sie im Lotto gewinnen werden, wenn Sie diesen Wunsch manifestieren? Vielleicht, doch eher nicht. Vielmehr sprechen wir hier über das, was Menschen in der Regel als Zufall be-

zeichnen – zum Beispiel, wenn Sie von Ihrer Stromgesellschaft eine überraschende Rückzahlung erhalten.

Ob Sie es glauben oder nicht, das ist genau die Art von Erlebnis, das typischerweise Menschen widerfährt, wenn sie anfangen, Fülle zu manifestieren. Manche finden anonyme Schecks in der Post oder vielleicht ein Geschenk von einem lange verschollenen Verwandten, und der Grund ist stets die Manifestation von Fülle. Vielleicht finden sie einen gut bezahlten Nebenjob zu genau dem Zeitpunkt, wo sie ein bisschen extra Geld brauchen. Natürlich könnte ein Mensch wesentlich mehr Geld manifestieren als diese symbolischen Zahlungen. Da diese Fülle nicht mehr ist als ein Geschenk des Universums, ist der tatsächlich mögliche Betrag in keiner Weise begrenzt.

Wie kann jemand also mittels Visualisierung massiven Aufschwung erreichen? Ganz einfach: Setzen Sie Ihren Träumen keine Grenzen nach oben!

Wenn Sie Geschäftsführer eines Unternehmens sein möchten, bewerben Sie sich um diesen Job natürlich nicht bei der Poststelle, schließlich schwebt Ihnen eine gehobene Position vor. Mag sein, dass Sie die Stelle nicht bekommen, doch die Chance auf einen Erfolg ist das Risiko wert. Das gleiche grundsätzliche Prinzip gilt auch hier. Wenn Sie einen Bestseller manifestieren wollen, dann fangen Sie am besten damit an, sich als erfolgreichen Autor zu visualisieren. Sie müssen sich wirklich sehen, wie Sie dieses Buch schreiben, einen Verlag finden, mit dem

Umschlagdesign einverstanden sind und alles andere, was nötig ist, diesen Traum zu realisieren.

Außerdem müssen Sie besonders darauf achten, wie Sie sich selbst sehen, nachdem das Buch fertig ist. Können Sie sich wirklich vorstellen, wie Sie Ihr Buch im Fernsehen präsentieren, Artikel schreiben und auf Lesereisen gehen? Wenn ja, dann ist das fantastisch. Falls Sie es sich nicht vorstellen können, müssen Sie üben, diese Dinge so detailliert wie möglich zu visualisieren. Dazu benutzen Sie das gleiche Visualisierungsmuster, unabhängig von dem Traum, den Sie manifestieren wollen. Sie müssen wirklich daran glauben, dass es das einzig mögliche Resultat ist. Das müssen Sie tun, weil Sie dem Universalen Chefkoch eine Bestellung aufgeben und vermeiden wollen, dass diese Bestellung nicht wie gewünscht oder unvollständig zu Ihnen kommt. Je größer Ihr Traum, desto mehr Genauigkeit ist vonnöten.

Je mehr Sie sich im Visualisieren üben, desto leichter wird es. Das mag zunächst allzu einfach klingen, vor allem bevor Sie die Techniken ausprobiert haben, die in diesem Kapitel vorgestellt werden. Es hört sich beinahe zu leicht an, sich hinzusetzen und sich selbst in wundervollen Situationen zu sehen, in denen es keine Probleme oder Konflikte gibt. Sie hätten recht, wenn Sie annehmen, dass die ganze Sache praktisch mühelos ist. Für manche Menschen ist es leichter als für andere, obwohl jeder die Möglichkeit hat, den gleichen Grad von Meisterschaft zu erreichen.

Die tatsächliche Praxis des Visualisierens ist so simpel, dass jeder Mensch sie bereits täglich anwendet. Was vielleicht der Übung bedarf, ist die Notwendigkeit, die Visualisierungen bis zu dem erforderlichen Grad von Detailgenauigkeit zu entwickeln, die nötig ist, um genau das zu bekommen, was Sie sich wünschen. Natürlich haben Sie die Freiheit, sich in Ihren Visualisierungen mit »gut genug« zu begnügen. Bis zu einem gewissen Grad tut das jeder. Doch da es stets Raum für Verbesserung gibt, wird irgendwann der Moment kommen, wo Sie merken, dass Sie mit dem Grad der Detailgenauigkeit zufrieden sind. Dann versuchen Sie *ernsthaft* , etwas zu visualisieren und zu manifestieren, ohne dass es nur eine »Übung« ist.

Rufen Sie sich vorm Visualisieren immer folgende Tatsache in Erinnerung: Nur weil etwas schiefgehen *kann*, bedeutet das nicht, dass es schiefgehen muss. Sicher ist es nicht schlecht, einen Ersatzplan zu haben, doch Ihre Visualisierungen werden immer Best-case-Szenarios sein.

Natürlich gibt es auf dieser Welt andere Menschen mit ihren eigenen Zielen und Ambitionen. Manche von ihnen sind vielleicht nicht so fürsorglich und freundlich wie Sie, wenn es um Konkurrenz geht. Doch diese Menschen stehen sich in Wahrheit nur selbst im Wege, und Sie müssen sich nicht ständig mit dem Gedanken an Eventualitäten belasten. Wenn die Machenschaften dieser Personen mit dem Endresultat Ihrer Manifestationen in Konflikt geraten, vertrauen Sie darauf,

dass die Betreffenden ihr eigenes Karma haben, und entlassen Sie alle diesbezüglichen negativen Gedanken und Emotionen ins Universum. Diese Sache mit der Manifestation dreht sich ausschließlich um Positivität, und Sie haben schlicht und einfach keine Zeit, sich mit negativen Menschen und Situationen aufzuhalten.

Um Ihnen eine kurze Vorstellung darüber zu geben, wie extrem machtvoll das Instrument der Visualisierung ist, werden wir für einen Augenblick vom Thema »Manifestation von Fülle« abweichen und uns dem Gebiet Gesundheit zuwenden. Da diese beiden Themen eng miteinander verbundene Aspekte unseres Lebens sind, hoffen wir, dass Sie diesen kleinen Exkurs begrüßen.

Grant: Vor Jahren wurde bei einer engen Freundin meiner Frau Krebs diagnostiziert. Das kann für sich genommen schon eine traumatische Erfahrung sein, doch da diese Frau von Beruf Tänzerin war, bedeutete der Verlust ihrer physischen Gesundheit auch, dass sie die einzige Quelle ihres Lebensunterhalts verlieren würde. So wunderbar Tanzensembles auch sein mögen – sie sind nicht dafür bekannt, ihren Mitgliedern eine Krankenversicherung zu finanzieren. Auch aus diesem Grund konnte sich diese liebe und talentierte Frau auf keinen Fall leisten, krank zu sein.

Im Laufe von Wochen und Monaten ging es ihr zusehends immer schlechter, bis ihr Arzt ihr schließlich empfahl, alle ihre Angelegenhei-

ten in Ordnung zu bringen, da sie nicht mehr viel Zeit hatte. Anstatt sich der Verzweiflung hinzugeben, beschloss sie, ihr Leben radikal zu ändern. Sie weigerte sich zu akzeptieren, dass sie bald sterben würde, und begann, sich selbst als vollständig geheilt zu sehen. Sie konnte fühlen, wie sie tanzte, hörte den Jubel des Publikums und visualisierte sich selbst, wie sie alt wurde. Ihr Vertrauen in diese Heilung war so groß, dass sie nie auch nur den Gedanken an den Tod zuließ.

Wie Sie wahrscheinlich schon erraten haben, war sie nicht sehr lange danach von diesem angeblichen Krebs im Endstadium komplett geheilt. Bis heute ist der Krebs nicht zurückgekommen und wird es wohl auch nicht mehr. Nur weil die Ärzte sie aufgegeben hatten, hieß das nicht, dass sie auch aufgeben musste. Die Macht dieser Heilung war immens, nicht nur in ihrem Umfang, sondern auch in ihren Folgen, einschließlich der Manifestation von Fülle. Das Bemerkenswerteste daran war zu sehen, wie absolut mühelos die Heilung vonstattenging. Durch pures Vertrauen und eine ordentliche Portion Sturheit war diese Frau in der Lage, den Krebs zu überwinden und wieder völlig gesund zu werden.

Wenn Visualisierung und Manifestation etwas so unglaublich Machtvolles zustande bringen können, warum sollten Menschen dann jemals denken, sie seien nicht fähig, etwas sehr viel Simpleres wie einen neuen Job oder eine Gehaltserhöhung zu bekommen oder sich beruflich selbstständig zu machen?

Die Macht der Visualisierung ist nur durch den Glauben der Person begrenzt, die dieses Instrument benutzt. Wenn Sie sehen können, dass etwas passiert, dann *kann* es passieren. Daher können Sie verstehen, warum sich – mit einer verbesserten Imagination – auch Ihr Potenzial für Manifestation verbessert. Aus diesem Grund sollte jede Übung mit dem Ziel, Ihre Vorstellungskraft zu vergrößern, mit der Ernsthaftigkeit durchgeführt werden, die man für ein Studium aufwendet.

Einfache und angenehme Beschäftigungen, wie zum Beispiel das Lesen von Fantasy- oder Science-Fiction-Romanen oder Brett- und Computer-Rollenspiele, eignen sich ausgezeichnet, um die Imagination zu trainieren. Wie bei allen anderen Dingen ist es natürlich auch hier wichtig, diese Werkzeuge in Maßen zu benutzen. Niemand würde davon profitieren, jeden wachen Moment des Tages (oder der Nacht) gefangen in einer Fantasy-Story zu verbringen. Doch wenn sie richtig benutzt werden, können Bücher und Spiele Ihnen helfen, ein umfassendes Gespür von Weite und grenzenlosem Staunen zu entwickeln – was genau die Ebene ist, auf der Sie sein sollten.

Vielleicht werden Sie irgendwann an einen Punkt kommen, wo Sie neugierig sind zu sehen, ob es möglich ist, die Macht der Visualisierung für einen negativen Zweck zu benutzen. Schließlich gibt es Personen,

die nicht das Beste für die Menschheit im Sinn haben und die versuchen könnten, potenzielle Segnungen – spirituell oder physisch – zu erzwingen. Zum Glück gilt das für die meisten von uns nicht. Wie wir hier und in unserem früheren Buch *Engel-Worte* erklärt haben, enthalten negative Gedanken, Worte und Energien viel weniger Energie als positive. Das bedeutet, dass – auch wenn es theoretisch möglich ist, dass jemand etwas Negatives manifestiert – die Wahrscheinlichkeit viel größer ist, dass unsere Macht, positive Veränderungen für die Welt zu visualisieren, das Negative komplett überwältigen würde.

In *Engel-Worte* haben wir Grafiken benutzt, um zu zeigen, wie vergleichsweise schwach Negativität ist. Es ist wichtig, genau zu wissen, wie wenig Macht Negativität hat, damit wir keine Angst davor haben. Wenn wir der Negativität nachgeben, verstärken wir ihre Macht und verwandeln sie paradoxerweise in etwas, das wir eigentlich fürchten sollten. Wenn wir erkennen, wie gering die Macht der Negativität von vorneherein ist, können wir sie ignorieren oder uns darüber lustig machen, was ihre Macht noch weiter reduziert. Ein einfaches tägliches Gebet mit der Bitte um Frieden, Heilung und Fülle genügt, um negativen Plänen entgegenzuwirken, die jemand vielleicht ausheckt.

So widersprüchlich es sich auch anhören mag: Es ist tatsächlich möglich, zu viel Zeit mit dem Visualisieren von Zielen zu verbringen und zu wenig, sie auch zu realisieren. Wie wir bereits an früherer Stelle erwähnt haben, stellt der Prozess der Manifestation von Fülle einen

Vertrag mit Gott dar. Das bedeutet, dass Sie Ihren Teil der Abmachung einhalten müssen.

Die Manifestation von Fülle kann zu einem mühelosen Vergnügen werden, indem Sie Dinge, die Sie sowieso tun, in etwas sehr viel Effektiveres verwandeln. Dazu müssen Sie sich jedoch erlauben, die bereitstehende Fülle auch anzunehmen, indem Sie eine Möglichkeit schaffen, wie sie zu Ihnen kommen kann. Sie müssen einen Job haben, Ihr eigenes Business oder ein kreatives Projekt, das Sie verkaufen möchten, um finanziellen Gewinn zu machen. Wenn es auch sehr nett ist, Gedichte zu schreiben oder im Restaurant Servietten zu bekritzeln, ist es unwahrscheinlich, dass diese Aktivitäten Ihnen Reichtum bringen werden, es sei denn, Sie und Ihre Zeichnungen werden von der Welt gesehen. Wenn Sie aus irgendeinem Grund von Ihrer Arbeit oder Ihrem Geschäft nicht überzeugt sind, oder wenn Sie befürchten, dass die Welt Ihre kreativen Projekte ablehnt, müssen Sie diese Blockaden beseitigen, bevor Sie den nächsten Schritt machen können.

Benutzen Sie immer positive Affirmationen

Die Engel der Fülle lieben es, wenn Sie Affirmationen benutzen. Sie lehren uns, dass jede Art von Positivität in unserem Leben schön ist, und die wiederholte Benutzung positiver Worte am allerschönsten. Die Engel der Fülle fordern uns auf, stets nur liebevolle und heilende Worte zu verwenden. Dies gilt besonders bei unseren Affirmationen.

Wie alle Engel sind auch die Engel der Fülle Boten Gottes. Sie hören unsere Affirmationen und geben sie an unseren Schöpfer weiter, damit unsere Wünsche gewährt werden können. Wenn wir den Engeln positive Affirmationen zum Weiterleiten geben, tun sie das mit mehr Begeisterung und Geschwindigkeit, als es der Fall wäre, wenn wir ihnen nur negative geben würden. Denken Sie im Laufe dieses Kapitels

immer wieder an die Art von Botschaften, die Sie schicken möchten, und versuchen Sie, alles zu vermeiden, was Sie – als Bote – zusammenzucken lassen würde.

WAS SIND AFFIRMATIONEN?

Affirmationen kann man am besten als Sätze beschreiben, die Sie sich selbst so lange sagen, bis Sie sie glauben. Diese Aussagen sind nicht falsch; im Gegenteil, sie sind sehr wahr – nur manchmal noch nicht jetzt, in diesem Moment. Ihr Wert besteht darin, dass sie Ihren Geist auf Erfolg vorbereiten, wenn Sie zuweilen – aufgrund gesellschaftlicher, familiärer und persönlicher Einflüsse – noch nicht bereit sind, diesen Erfolg zu akzeptieren. Ein weiterer Vorteil von Affirmationen besteht darin, dass sie Ihnen genau wie Visualisierungen dabei helfen, exakt zu definieren, was Sie erreichen wollen, egal, ob es ein schönes Zuhause, ein luxuriöser Urlaub, eine dicke Gehaltserhöhung oder sogar bessere Fähigkeiten zum Beispiel beim Reparieren von Autos oder bei der Inneneinrichtung ist. Alles, was Sie gerne erreichen würden, kann – zum Teil – dadurch erreicht werden, dass Sie es dem Universum gegenüber laut aussprechen.

Eine typische Affirmation hört sich ungefähr so an: »Ich habe einen Bestseller geschrieben und bin ein Bestseller-Autor.« Es kann so einfach sein wie dieser Satz, und in der Regel gilt: Je einfacher, desto bes-

ser. Die grundsätzliche Formel der Affirmation setzt voraus, dass Sie in den meisten Fällen die Gegenwartsform benutzen. Der Grund dafür ist, dass Ihr Status als Bestseller-Autor, um bei dem Beispiel zu bleiben, *jetzt* etabliert sein muss, nicht zu irgendeinem nebulösen Zeitpunkt in der Zukunft. Wenn Sie versuchen, etwas an einem bestimmten Tag zu erreichen, wäre es erlaubt zu sagen: »Ich werde in genau vier Wochen eine dicke Gehaltserhöhung bekommen.« Das würde den Tag in Betracht ziehen, an dem Ihre Firma normalerweise Gehaltsänderungen vornimmt und wäre wesentlich überzeugender für Sie als die Anwendung der einfachen Gegenwartsform (»Ich bekomme …«).

In unserem ersten Beispiel benutzten wir die Affirmation: »Ich habe einen Bestseller geschrieben und bin ein Bestseller-Autor.« Diese Wortwahl ist präziser, als es auf den ersten Blick scheint. Sie könnte jemandem, der diese Aussage von einer rein logischen Denkweise aus betrachtet, überflüssig vorkommen. Doch bei näherem Hinsehen werden Sie erkennen, dass es sich hier in Wahrheit um zwei Affirmationen handelt. Die erste besagt, dass das Buch, das Sie verkaufen wollen, ein Bestseller ist. Das ist eine wunderbare Nachricht und etwas, auf das Sie stolz sein können. Die zweite stellt klar, dass Sie ein Bestseller-Autor *sind*. Das würde implizieren, dass *alle* Bücher, die Sie veröffentlichen wollen, Bestseller sein werden. Sie können sehen, warum diese Doppel-Affirmation viel machtvoller wäre als der einfache Satz: »Ich habe einen Bestseller geschrieben.« Schließlich geht es uns hier um massive Fülle!

In ähnlicher Weise könnten Sie sagen: »Ich habe mein erstes Bild verkauft. Ich bin ein bekannter, erfolgreicher Künstler.« Das würde in etwa die gleiche Wirkung erzielen bei jemandem, der im Kunstbereich tätig ist. Für jemanden, der erwerbstätig ist, würde eine vergleichbare Affirmation ungefähr so lauten: »In einem Monat bekomme ich eine ordentliche Gehaltserhöhung. Ich bin ein geschätzter Mitarbeiter.«

Natürlich ist diese doppelte Methode nicht erforderlich, und es ist völlig in Ordnung, nur immer eine Affirmation ins Universum zu entlassen. Wir haben lediglich festgestellt, dass die Doppelaffirmationstechnik auf lange Sicht wesentlich effektiver ist. Versuchen Sie beide Methoden und benutzen Sie die, die sich für Sie am besten anfühlt.

Sie werden Ihre Affirmation im Laufe des Tages mehrmals wiederholen wollen. Manche Menschen fangen damit an, bevor sie abends ins Bett gehen. Bei vielen Menschen hat die nächtliche Affirmation das Abendgebet ersetzt. Die Wiederholung ist wichtig, weil es – wie Marketing-Profis es schon seit jeher verkündet haben – mehrerer Versuche bedarf, bis unser Gehirn eine Botschaft wirklich aufgenommen hat. Doch sobald das geschehen ist, ist sie in der Regel fest verankert.

Wie lange sollten Sie diese Affirmationen wiederholen? Zum Glück besitzen sie ein Verfallsdatum. In dem Beispiel: »Ich habe einen Bestseller geschrieben und bin ein Bestseller-Autor« wäre es am besten, diese Affirmation zu wiederholen, bis die vorgegebene Tatsache wahr geworden ist. Nachdem Ihr erster und zweiter Bestseller erschienen

ist, können Sie generell davon ausgehen, dass Ihre Affirmation »angekommen« ist. Natürlich sind Sie in keiner Weise verpflichtet, die Affirmation zu jenem Zeitpunkt aufzugeben. Genau genommen ist das Aufgeben einer Gewinnstrategie von zweifelhaftem Wert, doch sollten Sie aufhören wollen, sobald Sie Ihr gewünschtes Ziel erreicht haben, ist das völlig in Ordnung.

Falls Sie affirmieren: »In einem Monat kriege ich eine dicke Gehaltserhöhung«, und am Ende des Monats ist es tatsächlich so weit, warum sollen Sie die Affirmation dann aufgeben? Wenn Ihre Firma nicht jeden Monat Lohn-und Tarifanpassungen vornimmt, wäre nur eine kleine Modifizierung Ihrer offensichtlich sehr effektiven Affirmation nötig, um die nächste Lohnerhöhungs-Periode in Betracht zu ziehen. Da diese Technik zu Ihrem Segen entworfen wurde, haben Sie die Freiheit, jederzeit damit anzufangen oder aufzuhören.

Affirmationen sind nicht auf einfache Formulierungen im Hinblick auf finanzielle Fülle beschränkt. Alles, was Sie tun möchten, kann mithilfe von Affirmationen leichter, besser und schneller eintreten. Zum Beispiel könnten Sie sogar eine Affirmation sagen, die sich positiv auf die Ernte Ihres Gemüsegartens auswirkt: »Mein Gemüsegarten ist höchst produktiv, und ich bin ein weiser und erfahrener Gärtner« kann und wird fantastische Resultate bringen. In ähnlicher Weise können Sie eine Affirmation formulieren, die alles unterstützt, was Sie erreichen wollen.

AFFIRMATIONEN
PLUS VISUALISIERUNGEN

Sie haben vielleicht schon erraten, dass Affirmationen und Visualisierungen eng zusammenarbeiten. Ihr Erfolg beim Visualisieren hängt völlig von Ihrer Imagination ab, und durch Visualisierung können Sie die *Macht* Ihrer Imagination steigern. Andersherum verhält es sich genauso: Ihre Affirmationen hängen von Ihren Visualisierungen ab. Bevor Sie die optimale Affirmation finden, müssen Sie wissen, was Sie zu erreichen versuchen. Die beste Möglichkeit, um das festzustellen, besteht darin, das Gewünschte so detailliert wie möglich zu visualisieren.

Umgekehrt ist es möglich und sehr wahrscheinlich, dass Sie durch die Anwendung Ihrer Affirmation sogar in der Lage sein werden, Ihr Ziel mit größerer Klarheit zu sehen. Kontinuierliche Wiederholung von Affirmationen gewöhnt das Gehirn an die Vorstellung des gewünschten Ziels. Je vertrauter Sie mit diesem Ziel sind, desto besser sind Sie in der Lage, es als Realität zu visualisieren. Je mehr Sie affirmieren, desto klarer werden Ihre Visualisierungen sein, und je mehr Sie visualisieren, desto effektiver werden Ihre Affirmationen sein!

Affirmationen können überall vorgenommen werden (wenngleich Sie in der Öffentlichkeit als jemand auffallen könnten, der mit sich selbst redet). Unser Gehirn ist in der Lage, in faszinierender Weise mehrere Tätigkeiten gleichzeitig ausführen zu können. Es gibt nur

sehr wenige Aktivitäten, die durch das Aussprechen von Affirmationen beeinträchtigt würden. Genauso gibt es nur sehr wenige Jobs, wo es nicht angebracht ist, Affirmationen zu benutzen. Es ist gut möglich, dass sogar manche Angestellte, einschließlich hochbezahlter Manager, Affirmationen benutzen.

Während Affirmationen manchen Ihrer uneingeweihten Kollegen als »völlig verrückt« erscheinen mögen, ist es eine Tatsache, dass Menschen Resultate wesentlich höher bewerten als Skepsis und »Korrektheit«. Wenn Ihre Verkaufszahlen als Folge Ihrer Affirmationen auch nur einen Prozent höher sind, können wir Ihnen praktisch garantieren, dass Ihre Kollegen und Chefs für die Benutzung dieses außergewöhnlichen Werkzeugs offen sein werden.

Vielleicht mag eine Steigerung von einem Prozent bei allem, was Sie tun, nicht unbedingt viel sein, doch zeigt es, wie wenig Erfolg nötig ist, damit sich jemand von einem Skeptiker zu einem Pragmatiker wandelt. Und nun stellen Sie sich vor, wie viel ernster Ihre Kollegen Sie nehmen werden, wenn Sie anfangen, Ihr Einkommen oder Ihre Verkaufszahlen um fünf Prozent oder mehr zu steigern. Natürlich ist dies nur ein Beispiel, da nicht jeder als Verkäufer tätig ist. Doch unabhängig davon, wie Sie Ihren Erfolg in der Arbeitswelt messen, können Sie ihn durch den Gebrauch von Affirmationen verbessern.

Während Sie dies lesen, sprechen Sie folgende einfache Affirmation: »Ich bin in der Lage und verdiene es, alles zu erreichen, was ich mir wünsche und mehr.« Wiederholen Sie diese Worte regelmäßig und beobachten Sie, wie schnell Sie Resultate erzielen. Sie werden wissen, dass Sie ein positives Ergebnis hatten, wenn irgendeine Form unerwarteter Fülle in Ihr Leben tritt. Natürlich kann diese Fülle völlig unterschiedliche Formen annehmen, je nach der individuellen Person, doch sollten Sie in der Lage sein, sie zu erkennen, wenn sie sich zeigt. Die dafür erforderliche Zeit ist allein Sache des Universums, doch im Allgemeinen geschieht dies relativ schnell.

In mancher Hinsicht funktionieren Affirmationen wie Werbespots. Das heißt, Sie sagen die Affirmation jetzt, und der Lohn kommt später. Das kann zu einer »Zeit-Lücke« führen, während der es den Anschein hat, als würde nichts passieren. Sobald Sie jedoch diese Phase überwunden haben, werden Sie beinahe umgehende Erfolge Ihrer vergangenen Bemühungen sehen. Wenn Sie an diesem Punkt aufhören, werden Sie dennoch eine Zeit lang die Wirkungen sehen, bis die Fülle die Affirmationen, die Sie bereits versucht haben, »einholt«.

Aufzuhören ist ein Fehler, der häufig gemacht wird, weil es den Anschein hat, dass wir uns einfach zurücklehnen können und trotzdem in der Lage sind, die Vorteile unserer Affirmationen zu ernten. Aus diesem Grund ermutigen wir jeden von Ihnen, die »Zeit-Lücke« im Gedächtnis zu behalten.

Wenn Sie die Techniken des Visualisierens und Affirmierens mit Skeptikern und Uneingeweihten diskutieren, hilft es, sie daran zu erinnern, dass Affirmationen in keiner Weise religiösen Praktiken widersprechen. Es handelt sich dabei um einen gänzlich überkonfessionellen Akt, der nicht voraussetzt, dass Sie Ihren Glauben an eine Organisation oder Religion ablegen oder ihr beitreten. Und mit Sicherheit werden Sie nicht dafür bestraft, wenn Sie diese Techniken ausprobieren. Im Gegenteil, Sie werden in der Lage sein, die Belohnungen Ihrer Bemühungen zu ernten.

Für uns genügt es zu wissen, dass es *tatsächlich* funktioniert.

VERSCHIEDENE FORMEN VON AFFIRMATION

Affirmationen können generell in eine der folgenden drei Kategorien unterteilt werden:

1. Ständige Affirmationen
2. Akquirierungs-Affirmationen
3. Notfall-Affirmationen

Natürlich werden Sie von Zeit zu Zeit Affirmationen finden, die in keine dieser Kategorien passen, doch im Rahmen dieses Kapitels werden wir uns in erster Linie auf diese drei konzentrieren.

DIE ERSTE KATEGORIE wird **ständige Affirmationen** genannt, weil es sich dabei um Formulierungen handelt, die auf regelmäßiger Basis wiederholt werden. »Ich bin ein perfekter Manager« und »Ich erziele ausgezeichnete Verkaufsergebnisse« sind zwei Beispiele für diese Kategorie. Diese Form der Affirmation ist besonders sinnvoll, um den Grad von Produktivität oder Fülle in Ihrem Leben aufrechtzuerhalten oder allmählich zu steigern. Indem Sie regelmäßig positive Sätze wie diese wiederholen, trainieren Sie Ihr Gehirn und informieren das Universum, dass dies wirklich das ist, was Sie wollen und das Mindeste, was Sie zu akzeptieren bereit sind. Diese Sätze würden nicht in die anderen beiden Kategorien passen, weil sie kein spezifisches oder dringendes Bedürfnis ansprechen. Affirmationen, die unter die Rubrik »ständige Affirmationen« fallen, werden im Allgemeinen für viele verschiedene Aspekte im Leben eines Menschen benutzt oder zumindest im Laufe seiner oder ihrer beruflichen Entwicklung.

Sie können ständige Affirmationen auch benutzen, um andere Aspekte Ihres Lebens zu stabilisieren oder zu fördern. Es wäre völlig akzeptabel und wirksam, Folgendes zu wiederholen: »Ich bin ein wunderbarer Vater« oder: »Mein Familienleben ist gesund, harmonisch und erfüllend für uns alle«. Wenn irgendein Bereich Ihres Lebens besonders konfliktreich oder anstrengend ist, können Sie auch hier die Affirmationen dieser Kategorie benutzen, um Probleme zu lösen. Das nächste Mal, wenn Sie im morgendlichen Stoßverkehr auf dem Weg zur Arbeit

gestresst sind, versuchen Sie, diesen Satz oder etwas Ähnliches zu affirmieren: »Mein Arbeitsweg ist vollkommen sicher, frei von Staus und stressfrei.« Manche Menschen mögen ständige Affirmationen als ein wenig ermüdend oder nicht erfüllend empfinden. Doch da dies nicht die Art von Affirmation ist, um weitreichende und radikale Veränderungen innerhalb sehr kurzer Zeit herbeizuführen, ist es hier besonders wichtig, Geduld zu haben.

Häufig erzielt diese Kategorie spektakuläre Ergebnisse, doch über einen wesentlich längeren Zeitraum, als es manchen Menschen lieb wäre. Außerdem vergessen Sie bitte nicht, dass diese Affirmationen aus einem guten Grund »ständige Affirmationen« genannt werden: Es handelt sich dabei um Sätze, die Sie in der voraussehbaren Zukunft immer wieder sagen wollen. Sie haben kein eingebautes Verfallsdatum, denn wer kann schließlich bestimmen, was ein effektiver Manager oder wunderbarer Vater wirklich ist? All dies sind sicher verständliche Einwürfe, doch die Langzeitsegnungen dieser Affirmations-Kategorie können nicht geleugnet werden. Es liegt in Ihrem besten Interesse, eine konstante Affirmation zu finden und sich im Laufe Ihres Lebens immer wieder daran zu halten. Das ist zweifellos eine Aufgabe, die Disziplin erfordert.

Es gibt Zeiten, in denen eine ständige Affirmation nicht die richtige Wahl ist. Wenn etwas Bestimmtes getan werden muss – und zwar jetzt sofort –, werden Ihnen andere Methoden viel besser dienen. Natürlich

können Sie entscheiden, es mit ständigen Affirmationen zu versuchen, doch die Ergebnisse sind unter Umständen nicht so spektakulär, wie Sie es wünschen. Es wäre schön, wenn eine Form von Affirmation in allen Situationen angewandt werden könnte, doch das ist leider nicht der Fall.

Mit Übung werden Sie bald instinktiv wissen, wann konstante Affirmationen richtig sind oder wann Sie zu Formulierungen wechseln wollen, die rasch Ergebnisse bringen.

DIE ZWEITE KATEGORIE von Affirmationen wird **Akquisitions-Affirmation** genannt. Diese werden benutzt, wie der Name schon andeutet, um spezifische Ziele in Ihrem Leben zu erreichen. *Alles*, was Sie sich wünschen, wird durch die wohlüberlegte Anwendung dieser Affirmation zu Ihnen kommen. Vielleicht denken Sie: *Habe ich das richtig gelesen? Sie können doch nicht wirklich **alles** meinen?*

Doch, Sie haben richtig gelesen! Sie können absolut jedes physische Objekt bekommen, das Sie sich wünschen. Sicher gibt es Einschränkungen, wenn es um andere Menschen geht. Manche Menschen verzehren sich nach jemandem, doch unabhängig davon, was er oder sie unternimmt, der andere wird ihre Gefühle nicht erwidern. So etwas kann nicht mit dieser oder irgendeiner anderen Methode erreicht werden, die ein geistig gesunder Mensch benutzen würde. Doch alle konkreten, empfindungslosen Objekte sind in Ihrer Reichweite.

Dieses Prinzip basiert auf der Tatsache, dass alles, was existiert – einschließlich Sie selbst –, aus mikroskopischen Atomen besteht, die in ihrem innersten Kern magnetisch aufgeladen sind. Diese Affirmation erlaubt Ihnen, Ihre innere Aufladung zu modifizieren, damit sie das genaue Gegenstück zu einem anderen Objekt wird und es daher wie ein Magnet anzieht. Falls Ihnen diese Erklärung zu esoterisch erscheint, haben Sie natürlich die Freiheit, den Grund, warum dieses Prinzip funktioniert, zu ignorieren, oder eine Antwort zu finden, die Sie eher zufriedenstellt. Die Tatsache, *dass* es funktioniert, ist unbestreitbar.

Eine einfache Affirmation könnte ungefähr so lauten: »Ich habe eine Million Euro auf meinem Bankkonto«, oder »Ich habe ein nagelneues elektrisches Auto«. Um es an dieser Stelle noch einmal zu wiederholen: Es ist wichtig, bei diesen Affirmationen die Gegenwartsform zu benutzen. Sie erklären, dass Sie diese Dinge *jetzt* haben, nicht in einer unbestimmten Zukunft. Es hilft, sehr klar zu sein in Bezug auf das, was Sie sich wünschen. Wenn Sie sagen: »Ich habe eine Menge Geld«, oder: »Ich habe ein Auto«, was heißt das wirklich? Eine Menge Geld für Sie könnte für andere eine unbedeutende Summe sein oder umgekehrt. Genauso könnte ein Auto alles sein, von einem Bentley bis zu einem verbeulten alten Volkswagen. Auf der Ebene der Fülle ist Detailgenauigkeit das Allerwichtigste.

Diese Formen von Affirmationen haben keine eingebaute Zeitachse. Sie können versuchen, eine künstliche Zeitachse zu erstellen, nach dem

Motto: »Innerhalb von zwei Wochen werde ich ein nagelneues Auto haben.« Doch diese Formulierung verstößt gegen eines der grundsätzlichen Gesetze der Affirmation: Sie ist in der Gegenwartsform zu sagen. Sicher können Sie diesen kleinen Trick ausprobieren, ohne dadurch Schaden zu erleiden, doch könnten Sie von dem Ergebnis enttäuscht sein, falls Sie an zu vielen Erwartungen in Bezug auf die Zeitachse festhalten. Geduld ist eine extrem wertvolle Tugend, wenn es um Manifestation geht – in all ihren Erscheinungsformen.

Wenn wir loslassen und einfach der Natur erlauben, ihren Weg zu nehmen, dann geschehen die machtvollsten, erstaunlichsten Wunder. Sie herbeizuzwingen ist kein organischer Prozess und wird letzten Endes zu nichts führen. Wir müssen in uns selbst eine natürliche Zeitachse kultivieren und die Dinge zu uns kommen lassen, so wie sie benötigt werden, und offen für sie sein, wenn sie tatsächlich eintreffen.

Akquisitions-Affirmationen sind besonders machtvoll, wenn Sie eine neue Arbeitsstelle oder Position suchen. Während die ständige Affirmation zur Aufrechterhaltung und allmählichen Verbesserung einer Karriere ideal ist, ist die Akquisitions-Affirmation der »Typ für schwierige Fälle«. Wenn Sie spüren, dass Sie beruflich zu lange in einer Position verharrt haben, die weit unterhalb Ihrer Fähigkeiten liegt, dann wird die Akquisitions-Affirmation Ihnen erlauben, Aufstiegsmobilität zu erlangen, ohne das Risiko einzugehen, zu ambitioniert oder undankbar für das zu erscheinen, was Sie gegenwärtig haben. Wenn Sie diese

Affirmation benutzen, können Ihnen Jobangebote der Konkurrenz unterbreitet werden, oder man bietet Ihnen eine Beförderung an.

Wenn Sie sich um eine Position bewerben, bei der Sie das Gefühl haben, sie wirklich mehr als jeder andere verdient zu haben, und wenn Sie wissen, wann eine diesbezügliche Entscheidung getroffen wird, ist die Akquisitions-Affirmation nicht Ihre beste Wahl. Um es noch mal zu wiederholen: Bei dieser Form von Affirmation gibt es weder eine Zeitschiene noch ein Verfallsdatum. Was Sie manifestieren, wird zu Ihnen kommen, doch das Datum steht nicht fest. Sie können versichert sein, dass es zu dem für Sie, das Universum und das infrage stehende Objekt bestmöglichen Zeitpunkt eintreten wird, doch niemand kann Ihnen jemals genau sagen, wann es so weit ist.

DIE DRITTE KATEGORIE von Affirmation wird **Notfall-Affirmation** genannt. Der Begriff *Notfall* bezieht sich auf die Notwendigkeit von Zeitschienen und impliziert nicht unbedingt, dass sich jemand in Gefahr befindet. Falls sich jedoch jemand mit einer Gefahr konfrontiert sehen *würde*, wäre dies mit Sicherheit die perfekte Affirmation. Es wäre zudem die Richtige, falls Sie – wie in dem vorherigen Beispiel – versuchen wollten, für eine Beförderung in Betracht gezogen zu werden, die zu einem bestimmten Termin vergeben wird. Diese Affirmationen sind einzigartig, weil sie sowohl eine zeitliche Begrenzung als auch ein Verfallsdatum haben.

Eine einfache Notfall-Affirmation würde in etwa so lauten: »Ich bin jetzt in Sicherheit und von Liebe umgeben«, oder: »Ich werde beim Gespräch mit meinem Vorgesetzten nächsten Dienstag befördert.« So wie bei den anderen Formen der Affirmation ist es wichtig, die Gegenwartsform zu benutzen oder ein spezifisches Datum zu nennen. Worte wie *eines Tages* oder *bald* sind ungeeignet, um Fortschritte zu machen, da niemand weiß, wann *eines Tages* oder *bald* wirklich eintritt.

Erinnern Sie sich, wie Sie als Kind Ihren Lehrer gefragt haben, ob Sie etwas Bestimmtes tun könnten und als Antwort »vielleicht« oder »bald« bekommen haben? Wahrscheinlich war das ziemlich frustrierend und hat unter Umständen dazu geführt, dass Sie sich verwirrt und unzufrieden gefühlt haben – eine instinktive Reaktion auf die vage Aussage dieser Worte.

Unter Umständen denken Sie, dass es sich hierbei um die Art von Affirmation handelt, die man bei allen Szenarios anwenden kann. Wollen wir nicht letzten Endes alle, dass Dinge sofort passieren? Normalerweise ist das der Fall, doch diese Form von Notfall-Affirmationen funktioniert nicht immer. Die beiden anderen Affirmations-Kategorien funktionieren stets zuverlässig, weil sie Ihren Körper und Geist in Übereinstimmung mit dem Objekt Ihrer Wünsche bringen. Bei Notfall-Affirmationen gibt es einfach nicht genug Zeit, damit dieser Prozess zu Ende geführt werden kann. Die Notfall-Affirmationen funktionieren ähnlich wie ein Gebet. Das bedeutet, dass Sie – falls es zu Ihrem Besten

ist – darum bitten, dass Ihr Anliegen *jetzt sofort* erfüllt wird. Sie lassen Gott, das Universum oder wen auch immer wissen, dass Sie in diesem bestimmten Moment göttliche Intervention benötigen. Unter Umständen kann diese Antwort auch ein Nein sein.

Unser Leben ist viel zu komplex für uns, als dass wir das übergeordnete Bild sehen können. Wir verlassen uns auf das Göttliche, dass es sieht, was wir benötigen, und es uns schickt. Doch manchmal kann ein kleiner Anstoß von uns den Prozess in Gang setzen. Wir Menschen sind mit einem freien Willen gesegnet. Das Universum kann in unserem Namen intervenieren, wenn wir darum bitten; und falls es Teil des Vertrages mit Gott ist, den wir unterzeichnet haben, bevor wir auf die Erde kamen, dann wird es sowieso passieren, sozusagen als eine Art Schicksalserfüllung. Wenn wir eine Notfall-Affirmation benutzen, signalisieren wir, dass wir für diese Hilfe offen sind und sie jetzt sofort brauchen. Das gibt dem Universum die Freiheit, in unserem Namen zu handeln, ohne das Risiko, unseren freien Willen zu unterwandern. Diese Regel wird nie gebrochen.

EINE KOMBINATION dieser **drei Arten von Affirmationen**, zusammen mit einer gesunden Dosis präziser Visualisierung, kann Sie zu ungeahntem Reichtum führen – nicht nur in materieller, sondern auch spiritueller Hinsicht. Studien haben gezeigt, dass Personen, die regelmäßig Affirmationen benutzen, sich mit ihrem höheren Selbst

wesentlich stärker verbunden und im Frieden fühlen. Das liegt daran, dass sie wirklich als Mitschöpfer ihrer Welt und ihres Lebens in Aktion treten. Die scheinbare Zufälligkeit des Universums wird klarer als der heilige und feinfühlige Tanz verstanden, der er in Wahrheit ist.

Also formulieren Sie ein paar Affirmationen und freuen Sie sich zu sehen, wie viel Fülle Sie in Ihrem Leben manifestieren können!

BLEIBEN SIE POSITIV

Positivität ist die Sprache des Himmels. Wenn wir auf eine erhebende Weise denken und sprechen, führen wir ein direktes Gespräch mit unserem Schöpfer. Die Engel der Fülle sind entzückt, wenn wir die Entscheidung treffen, alle Situationen als potenziell positiv zu sehen. Schließlich geschieht alles entsprechend einem göttlichen Plan, daher ist das Endresultat automatisch positiv.

Das erkennen wir instinktiv. Wie oft hat jemand zu Ihnen gesagt: »Später werden wir darüber lachen«? In diesen Worten äußert sich die uns angeborene Erkenntnis, dass letzten Endes alles darauf angelegt ist, sich zum Besten zu kehren. Gott und die Engel wollen zu jeder Zeit nur unser Bestes, und eine positive Sichtweise ist nichts anderes als eine Bestätigung dieser Tatsache.

Wenn wir im Hinblick auf unsere Manifestationen positiv bleiben, können wir viel größere und bedeutendere Ziele erreichen. Unser Opti-

mismus und unsere Begeisterung wandeln sich direkt in effektivere Manifestations-Übungen um. Wenn wir andererseits diese Positivität verlieren und anfangen, die Wirksamkeit unserer Manifestations-Praxis anzuzweifeln (oder negative Gefühle über die Arbeit entwickeln, die wir zu tun versuchen), kann es sein, dass wir jeglichen Fortschritt abwürgen oder komplett boykottieren.

Der Grund für diese Veränderung, basierend auf unserer Positivität oder Negativität, hat mit der Energie zu tun, die unsere Gedanken und Worte besitzen. Wie bereits erwähnt, haben positive Worte eine wesentlich höhere Energie als negative. Das bedeutet, dass Ihre positiven Gedanken und Emotionen sich vorteilhaft auf Ihre Manifestations-Praxis auswirken – und tatsächlich auf jeden Aspekt Ihres Lebens – und zu einer viel größeren Effektivität führen.

Im Gegensatz dazu besitzen negative Gedanken und Emotionen nur sehr wenig Energie. Das bedeutet, dass Negativität – auch wenn sie nicht unbedingt schädliche oder gefährliche Auswirkungen haben muss – auf jeden Fall ziemlich nutzlos ist.

In praktischer Hinsicht kann Positivität zu erfüllenderen Beziehungen mit anderen Menschen führen. Nur sehr wenige Personen möchten Zeit mit jemandem verbringen, der negativ ist. Negative Menschen können die Stimmung aller anderen in ihrer Umgebung herunterziehen. Wenn wir uns bemühen, positiv zu bleiben, neigen wir nicht nur

dazu, mehr Energie zu haben, sondern wir sind zudem auch wesentlich angenehmer für die Menschen in unserem Umfeld.

Jeder Bereich Ihres Lebens kann von einer positiven Denkweise profitieren. Ihre Gesundheit, Ihr Glück und selbst Ihr Grad an Wohlstand kann erheblich verbessert werden, wenn Sie Ihren Fokus darauf verlegen, all die freudigen Ereignisse und Erlebnisse zu bemerken, die sich Ihnen darbieten, anstatt sich ausschließlich auf die Nachteile zu konzentrieren.

Angesichts von Not und Unglück kann es schwierig sein, positiv zu bleiben, doch es ist nicht unmöglich. Abgesehen von Gesundheit, Glück und Wohlstand ist eine positive Haltung einfach segensreich für Ihr *Leben* überhaupt. Wenn Sie sich mit einem optimistischen Gefühl und positiver Einstellung an ein Unternehmen wagen, ist die Wahrscheinlichkeit, dass Sie Erfolg haben werden, viel größer. Wer hat schon jemals von einer Person gehört, die etwas Neues begonnen hat in dem Wissen, dass es nicht funktionieren wird, und dennoch alle Kräfte in diese Sache investiert? Wenn wir in Negativität zurückfallen, sabotieren wir uns im Endeffekt damit selbst.

Gefahr oder potenziell negative Situationen nicht anzuerkennen ist für niemanden gut. Positiv zu bleiben bedeutet nicht, in Ihrer persönlichen Unterwasser-Seifenblase zu leben, blind für die Welt um Sie herum. Ja, es ist eine gute Idee, Untergangsszenarien und Schwarzmalerei in den Nachrichten oder Zeitungsartikeln zu meiden, doch völlige

Realitätsblindheit ist keine Einstellung, die Fülle anzieht. Wenn eine Situation potenziell gefährlich oder feindselig ist, wird das Ignorieren dieser Tatsache die Situation nicht verbessern. Sie müssen realistisch sein, um glücklich, gesund und wohlhabend zu bleiben. Eine realistische Sicht der Dinge muss sich jedoch nicht in Negativität verwandeln.

Wie können wir positiv bleiben, selbst wenn wir von einer negativen Welt umgeben sind? Ganz einfach:

- ⊕ Der erste Schritt ist, die Welt nicht als negativ *zu sehen*. Sicher gibt es zahlreiche Probleme, doch sie sind nicht unüberwindbar. Die meisten Herausforderungen auf der Welt sind von Menschenhand gemacht und können von Menschen gelöst werden. Indem wir anerkennen, dass wir jedes Problem lösen können, wenn wir uns Gedanken darüber machen, wird es uns wesentlich leichter fallen, nicht der Verzweiflung anheimzufallen.

- ⊕ Der zweite Schritt besteht darin, all die Schönheit, Güte und Segnungen im Auge zu behalten, die Sie in Ihrer Umgebung bemerken. Wir alle wissen, wie viele negative Ereignisse auf der Welt kontinuierlich aufgezeichnet werden, warum also nicht zur Abwechslung mal die positiven?

Diese positiven Ereignisse können Sie in einem sogenannten Dankbarkeits-Tagebuch notieren. Es ist ein wertvolles Instrument, was Ihnen

hilft, positiv zu bleiben. Ein Dankbarkeits-Tagebuch kann etwas so Altmodisches sein wie ein ledergebundener Foliant, in dem Sie umfangreiche Notizen festhalten; oder etwas so Einfaches wie eine Anwendung auf Ihrem Smartphone. Übrigens gibt es tatsächlich eine App dafür! Zu Beginn werden Sie vielleicht nicht jedes kleine positive Ereignis bemerken, das Ihnen begegnet, doch das ist völlig in Ordnung. Je öfter Sie Ihr Dankbarkeits-Tagebuch benutzen, desto mehr Gutes *wird* Ihnen auffallen.

An einem Punkt werden Sie sich vielleicht fragen, ob all dieses Gute schon immer da gewesen ist. Oder begegnet Ihnen mehr davon, weil Sie endlich seine Präsenz wahrnehmen? Beides trifft zu. Ja, es hat seit jeher wunderbare und schöne Dinge in dieser Welt gegeben, doch werden sie häufig von den negativen und gefährlichen überschattet. Aber genauso, wie Gleiches Gleiches anzieht, gilt, dass umso mehr Gutes zu Ihnen kommen wird, je mehr Sie sich auf das Gute einstimmen.

Falls sich all dies *zu gut* anhört, um wahr zu sein, sollten Sie sich selbst fragen, warum Sie glauben, dass dies der Fall ist. Sicher, wir leben in einer oftmals zynischen Welt, und manche Menschen werden versuchen, Ihre vertrauensvolle Natur auszunutzen. Doch das ist nicht der Weg Gottes und des Universums. Unser Schöpfer im Himmel möchte, dass wir Fülle genießen und glücklich sind, genauso wie wir es für *unsere* Kinder wünschen. Das Einzige, was uns blockiert, ist die Überzeugung, allein mit dieser Welt fertig werden zu müssen.

BLEIBEN SIE MOTIVIERT!

Der Verlust von Motivation kann ein ernsthaftes Hindernis für Ihre Manifestations-Praxis sein. Sie können Ihre Motivation verlieren, wenn Sie das Gefühl haben, nicht schnell genug Fortschritte zu machen. Wenn Ihre Familie und Freunde Sie nicht unterstützen, kann auch das leicht zur Folge haben, dass Ihre Ambitionen nachlassen. Positiv zu bleiben wird Ihnen helfen, diesen inneren Drive beizubehalten. Falls Sie Zweifel bezüglich Ihres Fortschritts haben, blättern Sie in Ihrem Dankbarkeits-Tagebuch. Sie werden schnell merken, dass die Anzahl der positiven Dinge in Ihrem Leben deutlich zugenommen hat.

Wenn Sie fühlen, dass Ihre Freunde und Familie Sie nicht genug unterstützen, dann reden Sie mit ihnen. Höchstwahrscheinlich sind sich Ihre Lieben nicht einmal bewusst, dass Sie so fühlen, und werden gern Schritte unternehmen, um die Situation zu lösen. Einfach nur hoffen, dass die Situation sich von allein bessert, ist keine gute Idee. Hier handelt es sich um eine Kommunikationsstörung. Wenn Sie die Kommunikationskanäle offen halten, können Sie diese Probleme stoppen, bevor sie echte Risse in Ihre Beziehungen bringen.

Ihre persönlichen Ambitionen mit den Menschen zu teilen, die Ihnen am nächsten sind, kann eine sehr beglückende Erfahrung sein. Sie sollten sich niemals schuldig fühlen oder für das schämen, was Sie manifestieren wollen. Sie selbst sind am besten in der Lage zu beur-

teilen, was Sie in Ihrem Leben brauchen. Andere Menschen mögen wertvolle Vorschläge machen, doch letzten Endes können *nur* Sie allein entscheiden, was zu Ihrem Besten ist.

Wenn Sie spüren, dass Sie die Motivation verloren haben, Ihre Manifestations-Praxis fortzusetzen, ist ein Visionsbrett ein wunderbares Werkzeug. Wie wir bereits im letzten Kapitel kurz angesprochen haben, können Sie darauf Bilder und positive Worte kleben oder anpinnen, die Ihre kurz- und langfristigen Ziele repräsentieren. Das können Bilder von einem schönen Haus, Symbole von Reichtum wie beispielsweise tolle Autos oder Schmuck sowie positive Affirmationen über Ihre Fülle sein.

Wann immer Sie Ihr Visionsbrett betrachten, werden Sie daran erinnert, was Sie erreichen wollen und hoffentlich erkennen, dass Ihre kontinuierliche Ausdauer die Anstrengung wert ist. Falls Sie auf Ihrem Visionsbrett nichts sehen, das Sie wirklich motiviert, dann nehmen Sie die nicht-inspirierenden Bilder herunter und ersetzen sie durch Bilder, die Ihre Motivation neu entfachen.

Bewusst positiv zu sein hat eine anhäufende Wirkung auf Ihr Leben. Je positiver, motivierter und enthusiastischer Sie generell und besonders in Ihren Manifestationen sind, desto mehr Erfolg und Glück werden Sie erreichen können. Während es sicher auch negativen Menschen möglich ist, Erfolg zu haben, wäre es ihnen leichter gefallen, wenn sie ihre positive Haltung beibehalten hätten.

Auf die alltägliche Welt übertragen kann die Haltung eines Menschen viele Türen öffnen oder schließen. Wenn man versucht, einen neuen Job zu finden, eine Beförderung im Auge hat oder innerhalb eines Unternehmens in eine andere Abteilung versetzt werden möchte, legt der Arbeitgeber großen Wert auf die generelle Einstellung eines Bewerbers zur Arbeit und zum Leben allgemein. Auch wenn Menschen selbstständig tätig sind, haben sie viel mehr Erfolg im Umgang mit ihren Kunden und Zulieferern, wenn sie positiv bleiben.

Wir sagen nicht, dass Sie nie einen schlechten Tag haben dürfen oder vorgeben müssen, immer »gut drauf« zu sein. Das ist mit Sicherheit nicht der Fall. Wir verstehen nur allzu gut, dass das Leben sich manchmal irritierend in unsere Absichten einmischt. Wenn sich jemand mit schlechten Nachrichten oder einer plötzlichen Schicksalswende konfrontiert sieht, kann er oder sie sehr leicht in eine negative Denkweise schlittern. Seien Sie sich einfach nur dieser Momente bewusst und versuchen Sie, ihr Ausmaß einzugrenzen.

Wenn Sie sich Ihrer Gemütsverfassung bewusst sind, können Sie Ihr Leben mit einem realistischen Blick betrachten. Auf diese Weise erkennen Sie, wo Sie Ihre Energie verausgaben. Wenn Sie zum Beispiel genau wissen, wann Sie positiv sind und wann negativ, können Sie die Wirkung dieser Geisteshaltungen auf Ihr Leben bestimmen. Dann sind Sie besser in der Lage, eine informierte Entscheidung zu treffen, wie Sie auf Situationen jeder Art reagieren werden.

Sie können wählen, wie Sie mit einer Situation umgehen. Denken Sie an eine besonders stressige Situation zurück, mit der Sie konfrontiert waren, und versuchen Sie sich vorzustellen, wie jemand, den Sie wirklich respektieren, reagiert hätte. Würde die Person auf eine positivere oder negativere Art reagiert haben oder auf ähnliche Art wie Sie?

Sinn dieser Reflexion ist es zu sehen, dass es keine »angebrachteste« Reaktion auf ein beliebiges Ereignis gibt. Das einzige Maß für Angemessenheit ist Ihr eigenes Gefühl. Wenn Sie sich schuldig oder elend wegen Ihrer Reaktion fühlen, dann war es nicht die richtige Wahl für Sie. Fühlen Sie sich andererseits jedoch froh und wohlgemut, dann haben Sie die richtige Entscheidung getroffen.

Sie können sich selbst trainieren, auf eine Weise zu reagieren, für die Sie sich bewusst entscheiden. Indem Sie zum Beispiel sehr kleine Schritte machen hin zu dem konstanten Bewusstsein, dass Sie *tatsächlich* eine Wahl treffen. Wenn Sie sich also das nächste Mal mit einer stressigen oder unerwarteten Situation konfrontiert sehen, versuchen Sie Folgendes:

⊕ Atmen Sie tief durch, bevor Sie etwas tun. Geben Sie sich 5 bis 10 Sekunden, um sich zu beruhigen und zu zentrieren, bevor Sie irgendeine äußere Reaktion zeigen.
Dann prüfen Sie, ob Sie sich immer noch veranlasst fühlen, so zu reagieren, wie Sie es zu Beginn getan hätten.

Falls Ihnen das allzu einfach erscheint, fragen Sie sich selbst, warum Sie glauben, dass es so ist. Sie trainieren sich, indem Sie bestimmte Tätigkeiten wiederholt vornehmen. In diesem Fall würden Sie nur versuchen, sich selbst zum Denken anzuhalten, bevor Sie handeln. Nichts könnte einfacher sein. Wenn Sie in dieser Kunst bewandert sind, haben Sie die Freiheit, jede Entscheidung in vollem Bewusstsein zu treffen.

Die meisten Menschen stellen fest, dass sie sich – sobald ihnen nicht nur die Konsequenzen einer Entscheidung bewusst werden, sondern die Tatsache, dass sie überhaupt eine Wahl haben – häufiger richtig entscheiden. Es ist kein Zufall, dass die korrekte Wahl fast immer darin besteht, auf jede Situation in einer positiveren Weise zu reagieren. Nicht nur ist das in der Regel erfolgreicher, sondern es *fühlt* sich auch besser an. Der Gedanke, sehr wütend auf jemanden zu werden und es ihm »heimzuzahlen«, mag vorübergehend irgendwie wohltuend oder befriedigend erscheinen, doch in Wahrheit fühlt es sich langfristig selten gut an, wenn wir ehrlich sind.

Der Abstand zwischen positiven Gedanken und positivem Handeln ist leicht zu überbrücken. Für die meisten Menschen gilt, dass ihre erste Wahl in der Regel ihre Gedanken und Handlungen in Überein-

stimmung bringt. Zum Beispiel hört man praktisch nie, dass jemand, der immer positiv denkt, regelmäßig negativ handelt. Eine solche Diskrepanz zwischen Gedanken und Handlung kann eine Weile andauern, wird aber irgendwann überwunden. Unsere Gedanken werden zu unseren Handlungen, und genauso oft können unsere Handlungen zu unseren Gedanken werden.

Jeder Mensch hat eine Reihe von Standard-Handlungen entwickelt, deren er sich immer wieder bedient. Diese Muster setzen sich aus einer Kombination von vergangenen Erfahrungen, moralischen Werten und generellen persönlichen Vorlieben zusammen. Handlungen, die mit der Persönlichkeit eines Menschen übereinstimmen, werden generell viel schneller und mit weniger Mühe ausgeführt. Sie sind eher Angewohnheiten statt bewusster Entscheidungen. Im Gegenzug kann Verhalten, das der Persönlichkeit eines Menschen zuwiderläuft, zu einer Diskrepanz zwischen Denken und Handeln führen.

Diese Diskrepanz zu erleben ist nicht unbedingt etwas Schlechtes. In manchen Situationen haben wir uns selbst die Erlaubnis zu einer Reihe von Handlungen gegeben, die weder der Welt noch uns selbst dienen. Wenn wir erkennen, das dies der Fall ist, müssen wir neue Handlungsmuster entwickeln.

Der Wunsch, sich positiver auszurichten, ist weit verbreitet. Zum Beispiel kommen manche Menschen nach und nach zu der Erkenntnis, dass sie wütender sind, als es ihnen guttut. Wenn ihnen bewusst wird,

dass Ruhe und Zufriedenheit nicht nur ihre zwischenmenschlichen Beziehungen, sondern auch ihre Gesundheit sowie ihre materiellen Verhältnisse verbessern würde, bemühen sie sich, ihre Persönlichkeit zu verändern. Und es sind nicht nur schädliche Persönlichkeitseigenschaften wie zum Beispiel Wut, die Menschen gern ändern wollen. Wenn Sie jemals das Gefühl hatten, zu passiv oder entgegenkommend zu sein oder irgendwelche anderen Eigenschaften besitzen, die Ihnen nicht länger dienlich sind, können Sie diese ändern.

Persönliche Eigenschaften neu auszurichten ist eine überraschend einfache Angelegenheit. Mit ein wenig Disziplin können selbst die am tiefsten verankerten Impulse modifiziert werden. Es gibt zahllose Geschichten und Bücher über negativ eingestellte Menschen, die plötzlich Offenbarungen erlebten und ihr Leben komplett veränderten. Diese Menschen waren nicht irgendwie speziell und auf eine Weise anders, als es der Rest von uns ist. Sie wollten sich einfach nur tiefgreifend ändern und positivere Personen und Umstände in ihr Leben ziehen.

Der erste Schritt zu jeder Art von Transformation ist Achtsamkeit. Wenn Ihnen etwas an Ihrer Persönlichkeit auffällt, das Sie ändern möchten, haben Sie bereits den wichtigsten und in mancher Hinsicht schwierigsten Schritt zur Erreichung dieses Ziels getan. Der nächste Schritt besteht darin, sich allmählich der Momente immer bewusster zu werden, in denen Sie ein Verhalten an den Tag legen, das Ihnen nicht länger dient.

Wenn Sie das Verhalten erkennen, das Ihren Handlungen zugrunde liegt, können Sie wählen, Ihren Gedanken-Handlungs-Fluss zu unterbrechen und ein neues Element hineinzubringen. Anstatt auf eine negative Weise zu handeln, die eigentlich Ihre Standard-Reaktion gewesen wäre, können Sie mit einer positiveren Option experimentieren. Das Resultat dieses kleinen Experiments wird Sie wahrscheinlich daran erinnern, positiv zu bleiben, selbst wenn die Dinge sich zunächst so anfühlen, als würden sie in die andere Richtung entgleiten.

Das Wichtigste, woran Sie sich erinnern müssen, ist, dass Sie nicht allein sind. Ihr himmlischer Schöpfer, die Engel, Ihre Freunde und Ihre Familie unterstützen Sie auf jedem Schritt Ihres Weges. Es gibt keine Situation, die nicht durch eine positive Sichtweise verbessert werden kann. Ihre Positivität und vorausdenkende Einstellung, die Sie durch Ihre Worte und Entscheidungen zeigen, sind Investitionen in Ihr eigenes Wohlergehen.

BEHALTEN SIE IHREN FOKUS

In den vorhergehenden Kapiteln haben wir darüber gesprochen, wie Sie bei Visualisierungen und Affirmationen Ihren Fokus beibehalten können. Daher denken Sie vielleicht: *Haben wir nicht schon alles darüber gelernt?* Für die Engel der Fülle ist dies jedoch ein so wichtiges Thema, dass es ein eigenes Kapitel verdient.

Fokus ist der Schlüssel zu allen Manifestationen und daher der Schlüssel zu aller Fülle. Auch wenn wir Ihnen empfehlen, bei Ihren Manifestationen so spezifisch wie möglich zu sein und Ihre Affirmationen zu sprechen, ist es Ihr Fokus, der dafür sorgt, dass Sie genau das bekommen, was Sie sich wünschen. Ihren Fokus beizubehalten kann zuweilen schwierig sein, vor allem wenn Sie noch keine Erfahrung mit Manifestation haben. Zahlreiche Bücher sind zu dem Thema geschrie-

ben worden, wie man seine Aufmerksamkeitsspanne steigern kann, und den diversen Störungen, die jegliche Form von langfristigem Fokus verhindern. Doch jeder – unabhängig von seinem physischen oder emotionalen Zustand – kann sich lange genug fokussieren, um einfache Visualisierungen und Affirmationen vorzunehmen. Der Schlüssel liegt darin, bestimmte Werkzeuge zu benutzen, die Ihnen dabei helfen können.

FOKUSSIERUNGS-WERKZEUGE
UND -TECHNIKEN

Für die meisten Menschen sind ein einfacher Stift und ein Schreibblock das erste wichtige Werkzeug. Ausführliche Notizen zu machen wird Ihnen nicht nur helfen, sich daran zu erinnern, worauf Sie Ihren Fokus richten wollen, sondern es kann darüber hinaus ein wichtiges Werkzeug sein, mit dem Sie Ihren Fortschritt verfolgen können. Jede Affirmation, die Sie vornehmen wollen, alles, was Sie visualisieren möchten, sollte auf diesem Schreibblock festgehalten werden. Wie Sie dieses Material organisieren, liegt ganz allein bei Ihnen.

Wir können nicht oft genug betonen, wie sehr es Ihnen in den kommenden Tagen und Wochen helfen wird, sich jeden Tag Notizen zu machen. Es kann unglaublich verlockend sein, diese einfache Aufgabe

zu verschieben. Doch detailliert aufzuschreiben, was für Sie funktioniert und was nicht, wird Ihnen helfen, Ihren Fokus so zu steigern, bis er so scharf ist wie eine Rasierklinge. Schon die einfache Aktivität des Notierens wird viel dazu beitragen, Ihren Fokus zu stärken.

Wenn Sie sich hinsetzen, um Ihre Gedanken und Aktivitäten aufzuschreiben, trainieren Sie nicht nur Ihre Erinnerungsfähigkeit, sondern auch den Bereich Ihres Gehirns, der Ihnen erlaubt, sich auf eine einzige Aufgabe auszurichten. Falls Sie von Natur aus Schwierigkeiten mit dem Fokussieren haben, kann diese einfache Übung etwas mehr Zeit in Anspruch nehmen. Das ist völlig in Ordnung. Niemand prüft, wie schnell Sie vorankommen.

Wenn Sie wöchentlich abwechselnd mehrere Affirmationen sagen wollen, ist es eine gute Idee, alle aufzuschreiben, zusammen mit den entsprechenden Tagen, an denen Sie sie benutzen möchten. Das wird Ihnen helfen, sich auf die Affirmation selbst zu fokussieren, anstatt sich erinnern zu müssen, welche Sie an einem bestimmten Tag sagen. Was Ihre Visualisierungen betrifft, so können Sie ein Bild ausschneiden oder eine Zeichnung anfertigen, auf der dargestellt ist, was Sie erreichen wollen oder haben möchten. Das wird Ihnen helfen, sofort mit der Visualisierung zu beginnen, anstatt sich erinnern zu müssen, wie genau das Objekt Ihrer Begierde aussieht.

Kerzen

Auch andere einfache Objekte können Ihnen helfen, Ihren Fokus beizubehalten. Eine Kerze eignet sich dafür hervorragend.

Kerzen werden seit Jahrhunderten in Tempeln und Kirchen ange-
zündet, weil sie das Licht des Glaubens repräsentieren. Außerdem dienen Kerzen als wundervolle Blickpunkte, damit Sie Ihren Geist und
Ihre Emotionen auf Ihre Wünsche fokussieren können, ohne dass das
Ego Sie mit Ängsten ablenkt.

Der Vorteil einer Kerze besteht darin, dass Sie sie in der Hand halten
können. Sie wissen, dass sie da ist, weil Sie sie sehen und fühlen können. Das verleiht Ihren Affirmationen – in Ihrem Unterbewusstsein –
Glaubwürdigkeit. Außerdem können Sie spezielle Kerzen für jedes
Objekt oder Ziel benutzen, das Sie manifestieren wollen. Das bedeutet,
dass Ihr ganzer Fokus auf dieses eine Ziel gerichtet ist und Ihren Geist
daran hindert, abzudriften.

Die grundsätzliche Methode für die Benutzung einer Kerze als Instrument zur Fokussierung wird in den folgenden einfach zu merken-
den Schritten beschrieben:

1. Wählen Sie eine kleine Kerze, die noch nie benutzt wurde.
   Falls Sie eine bestimmte Farbe für Ihren besonderen Zweck
   nehmen wollen, tun Sie es. Ansonsten nehmen Sie eine
   weiße Kerze.

2. Reinigen Sie die Kerze in einer kleinen Schüssel Salzwasser (Sie können Ihr eigenes Salzwasser zubereiten, oder nehmen Sie Meerwasser, wenn es verfügbar ist). Trocknen Sie die Kerze sorgfältig.

3. Halten Sie die Kerze in der Hand und visualisieren Sie das Ziel, das Sie erreichen wollen. Falls es ein spezifisches Objekt ist, versuchen Sie, sich dieses Objekt vorzustellen, wie es komplett im Inneren der Kerze enthalten ist und darauf wartet, hervorzubrechen.

4. Entzünden Sie die Kerze und lassen Sie sie herunterbrennen, bis sie von selbst ausgeht. An diesem Punkt können Sie, wenn Sie möchten, eine Affirmation sprechen oder einfach über das gewünschte Objekt meditieren. Dies funktioniert besonders gut, wenn Sie ein Bad nehmen.

Mehr braucht es nicht, um Kerzen für Manifestationszwecke zu benutzen. Es gibt ein paar fortgeschrittene Techniken, bei denen Sie zum Beispiel die Kerze mit Öl einreiben und in die Flamme schauen, oder indem Sie bestimmte Farben und Wachsarten benutzen, doch das würde den Rahmen dieses Buches sprengen.

KRISTALLE

Kristalle sind ein weiteres Mittel, das Sie benutzen können, um Ihren Fokus beizubehalten. So wie Kerzen sind auch Kristalle physische Objekte, die Sie in der Hand halten können. Was Ihnen hilft, sich besser auf die praktische Durchführung dessen fokussieren zu können, was Sie tun. Manche Kristalle erfüllen eine zweifache Aufgabe, indem sie auch die Manifestations-Praxis intensivieren, die Sie bereits vornehmen.

Als sicherste, einfachste und preiswerteste Möglichkeit für Manifestationszwecke bieten sich klare Quarzkristalle an. Machen Sie sich keine Sorgen über die Größe, Form oder Klarheit des Kristalls für diese Übung. Falls Sie einen Kristall haben, den Sie besonders mögen, können Sie diesen selbstverständlich auch benutzen. Die folgenden Schritte sind einfach, können sich aber als sehr wirkungsvoll erweisen, selbst für Personen, die zuvor noch nie Kristalle für Manifestationszwecke benutzt haben:

1. Reinigen Sie Ihren Kristall, entweder indem Sie den Stein kurz in Salzwasser legen (selbst zubereitet oder Meerwasser) oder dem Licht des Vollmondes aussetzen.

2. Visualisieren Sie das Objekt, das Sie sich wünschen, so detailliert wie möglich.

3. Stellen Sie sich vor, wie das visualisierte Objekt in dem Kristall sichtbar wird, der als Linse fungiert, um das Bild größer, strahlender und in einem schärferen Fokus erscheinen zu lassen.

4. Wiederholen Sie so oft Sie wollen eine Affirmation, während Sie den Kristall in der Hand halten.

Offensichtlich gibt es viele weitere potenzielle Schritte, die Sie mit Kristallen vornehmen können. Wie wir an früherer Stelle bereits erwähnt haben, sind Kristalle an sich schon Kunstwerke. Sie können die Arbeit mit ihnen so kompliziert oder so einfach machen, wie es Ihnen gefällt. In diesem Buch haben wir uns für Einfachheit entschieden, denn je mehr Regeln Sie sich selbst auferlegen oder anderen erlauben, Ihnen aufzuerlegen, desto größer ist die Wahrscheinlichkeit, dass Sie sie vergessen. Es ist wesentlich wichtiger für den Manifestations-Anfänger, sich auf das zu fokussieren, was wirklich wichtig ist. Das sind in diesem Falle Visualisierungen, Affirmationen und Ziele statt obskurer Prinzipien. Sie werden weder irgendwelche Wesenheiten verärgern noch auf eine »falsche« Weise manifestieren, wenn Sie das Ganze einfach gestalten und sich an die vier Schritte halten, die oben beschrieben sind. Sollten Sie sich angeleitet fühlen, irgendwelche Schritte hinzuzufügen oder zu entfernen, dann tun Sie das bitte. Die beste Methode ist immer die, die für Sie funktioniert.

YOGA, TAI-CHI UND MEDITATION

Neben physischen Gegenständen wie Kerzen, Kristallen und Schreibblocks gibt es Übungen, die Sie machen können und die Ihnen helfen werden, sich auf Ihr Leben und Ihre Manifestationen zu fokussieren. Yoga ist eine zunehmend beliebte Methode, um den Körper zu formen und den Geist zu schärfen. Wir empfehlen diese Praktik, wenn Sie das Gefühl haben, sie könnte für Sie richtig sein.

Andere Menschen profitieren mehr von regelmäßigen Tai-Chi-Sessions. Diese Aktivität hat den zusätzlichen Vorteil, dass sie in öffentlichen Parkanlagen überall auf der Welt kostenlos verfügbar ist. Wenn es in Ihrer Stadt einen öffentlichen Park gibt, der groß genug ist, treffen sich dort vielleicht in den warmen Monaten Tai-Chi-Gruppen.

Der Grund, warum Yoga und Tai-Chi zur Verbesserung Ihres Fokus beitragen können, besteht darin, dass es sich dabei nicht nur um ein wundervolles Training für den Körper handelt, sondern dass diese Praktiken auch von Natur aus meditativ sind. Meditation kann dazu beitragen, den Geist in einen scharfen Fokus zu bringen. Wenn es auch vollkommen akzeptabel und durchaus segensreich ist, einfach nur zu meditieren, so hat das Meditieren im Zusammenhang mit Yoga oder Tai-Chi den zusätzlichen Vorteil, dass der Körper trainiert wird. Das verbessert die Konzentration und Merkfähigkeit, wenn es regelmäßig praktiziert wird. Im Anhang werden Sie einige geführte Meditationen finden.

ERNEUERN SIE IHREN FOKUS

Es wird Zeiten geben, wo Sie Ihren Fokus verlieren, egal, wie gut trainiert Ihr Geist ist, wie gründlich Ihre Notizen sind und wie zentriert Sie sein mögen. Geraten Sie nicht in Panik, wenn das passiert; es ist völlig normal. Ihr Unterbewusstsein sagt Ihnen einfach, dass Sie sich zu diesem Zeitpunkt auf etwas anderes fokussieren sollen. Manchmal geht es darum, über die ablenkenden Gedanken zu reflektieren, die Ihnen in den Sinn kommen. Nehmen Sie sich einen Moment Zeit, diese anzuschauen, und wenn es irgendetwas gibt, um das Sie sich sofort kümmern müssen, dann tun Sie es. Der Rest wird sich durch Kontemplation und Akzeptanz beruhigen, und Sie werden in der Lage sein, mit einem klaren Kopf und fokussiertem Geist Ihre Manifestationsarbeit wieder aufzunehmen. Den Fokus zu verlieren bedeutet nicht das Ende der Welt. Es ist einfach nur eine Gelegenheit, Ihre Prioritäten in diesem bestimmten Moment neu zu ordnen.

Der Unterschied zwischen einer fokussierten Manifestationstechnik und einer nicht-fokussierten ist so ähnlich wie der Unterschied zwischen Musik, die von einem Virtuosen gespielt wird, und der eines angehenden Musikers, der noch am Anfang seiner Entwicklung steht. Die Manifestation wird zwar ausgeführt, doch ist sie wesentlich wirksamer und zeitigt bessere Resultate, wenn der Fokus intakt ist. Das ist der Grund, warum wir Sie ermutigen herauszufinden, was Ihre Auf-

merksamkeit ablenkt, und das Betreffende so schnell wie möglich aus Ihren Gedanken zu eliminieren.

Wenn Sie versuchen, die Visualisierung oder Affirmation einfach durchzuboxen, während Sie daran denken, dass die Wäsche gemacht werden muss, die Kinder auf ihr Abendessen warten und der Hund Gassi geführt werden will, werden Sie nur Ihre Zeit verschwenden. Sie sind es sich selbst schuldig, voll fokussiert zu sein, wenn Sie darangehen, die Fülle zu manifestieren, die auf Sie wartet.

Wenn Sie merken, dass Ihr Kopf mit Dingen beschäftigt ist, die problemlos bis später warten können, können Sie sich schnell fokussieren, indem Sie sich mit diesen Worten selbst segnen:

> *»Mein Leben ist ein Füllhorn voller Freude, Liebe, Segnungen*
> *und frei von allen Sorgen. Ich lasse diese Fülle wachsen,*
> *um meinen Teil dazu beizutragen, die Welt zu verbessern.«*

Dieser einfache Segen erinnert Sie daran, dass es richtig ist, ein Leben in Fülle zu führen; dass Sie *bereits* Fülle genießen und dass Sie nichts als Gutes für jeden wollen. Aufgaben oder Pflichten, die warten können, werden auf später verschoben, denn Ihr Fokus ist in dem Moment auf ein viel größeres Projekt gerichtet. Sie sind ein Mensch mit einer sehr wichtigen Mission und müssen sich die Zeit nehmen, die Sie brauchen, um Ihre Aufgabe auf die richtige Weise zu erledigen.

Wiederholen Sie diesen Segen, beginnend mit dem heutigen Tag und so lange, wie es nötig ist, um sich damit wohlzufühlen. Vielleicht möchten Sie jeden Tag ein paar Beobachtungen in Ihr Dankbarkeits-Tagebuch notieren. Denken Sie daran, wie Sie sich fühlen, wenn Sie den Segen das allererste Mal sagen. Vergleichen Sie es damit, wie Sie sich am zehnten Tag fühlen, wenn Sie die Worte sagen. An diesem Punkt werden Sie wahrscheinlich in der Lage sein, Ihren Fokus beizubehalten, egal, was andere Ihnen erzählen, oder was Sie sich früher selbst eingeredet haben.

Dieses Kapitel trägt die Überschrift »Behalten Sie Ihren Fokus«, doch es könnte auch heißen »Geben Sie sich selbst die Erlaubnis«, denn genau das ist es, was mit »Behalten Sie Ihren Fokus« gemeint ist. Es ist Ihr Geist, der Ihnen die Erlaubnis gibt, so viel Fülle in Ihrem Leben zu genießen, wie Sie möchten. Es wird immer eine Entschuldigung oder etwas »Besseres« geben, das Sie stattdessen tun könnten. Doch indem Sie sich die Erlaubnis geben, fällt Ihnen wieder ein, dass es genauso wichtig ist, gut für sich selbst zu sorgen, wie sich um das Wohlergehen der Menschen um Sie herum zu kümmern. Anstatt an all die Dinge zu denken, die Sie eigentlich tun sollten – oder darüber grübeln, wie schuldig Sie sich fühlen, weil Sie sich Zeit für sich selbst nehmen –,

denken Sie lieber an all die guten Dinge, die Sie mit der Fülle tun können, die zu erlangen Sie sich so große Mühe geben. Letzten Endes wird es Ihnen und jedem in Ihrem Umfeld viel besser gehen, weil Sie Zeit in Ihrem vollen Terminkalender freigehalten haben, um etwas Gutes für sich selbst zu tun.

Als Teil Ihrer Gewohnheit, Notizen zu machen, ist es eine gute Übung, hin und wieder einen Moment innezuhalten und neue Ideen zu entwickeln. Jedes einzelne Instrument und jede Praktik, die Sie im Laufe des Tages anwenden, hat irgendwann als Idee im Kopf eines Menschen gezündet. Dieser Mensch ist nicht anders als Sie. Er oder sie hat nur einfach diese Idee weiterentwickelt, obwohl andere sicher waren, dass sie nicht funktioniert. Sobald Ihnen großartige Ideen eingefallen sind, können Sie anfangen, Ihren Fokus darauf zu richten, sie zu visualisieren und zu affirmieren, dass die Ideen Realitäten sind und Menschen glücklich machen – und Ihnen eine Menge wohlverdiente finanzielle Fülle bringen.

KREATIVE MANIFESTATION

Beinahe jeder Abschnitt des Tages eignet sich, um Fülle in der einen oder anderen Form zu manifestieren. Sie sind kontinuierlich von den Wundern der Schöpfung umgeben, und genauso gut können Sie auch *selbst* etwas erschaffen. Wenn Sie Ihren Geist so gut trainiert haben,

dass Sie sich auf das fokussieren können, was Sie erreichen wollen – unabhängig von äußeren Ablenkungen –, werden Sie fähig sein, sich problemlos 5 Minuten Zeit zu gestatten, um eine schnelle Visualisierung vorzunehmen, wo immer Sie in dem Moment auch sind. Stellen Sie sich vor, einen langweiligen geschäftlichen Termin aussitzen zu müssen. Das wäre nun der perfekte Zeitpunkt, innerlich Affirmationen zu wiederholen oder das Objekt, das Sie sich wünschen, zu visualisieren. Das wird Sie nicht nur erden und zentrieren, sondern auch die Zeit wertvoller machen, die Sie ansonsten bei diesem Termin vergeudet hätten.

Wenn Sie Manifestation in Zeiten praktizieren, in denen Sie eigentlich müßig wären, nutzen Sie damit sogenannte vergeudete Zeit. Wenn Sie verfolgen, welches Maß an Zeit Sie für Manifestationen »stehlen« können, werden Sie vielleicht sehr überrascht sein zu sehen, wie viele Momente Sie sinnvoll nutzen konnten.

Wie wir schon sagten, hat ein großer Teil dieser Praxis mit Aufarbeitung zu tun, daher werden Sie die Wirkungen vielleicht nicht sofort bemerken; ebenso wird Ihnen vielleicht auch nicht gleich auffallen, dass die Wirkungen nachlassen, wenn Sie aufhören zu praktizieren. Daher ist konstanter Fokus einer der wichtigsten Aspekte von Manifestation.

Wir möchten nicht so weit gehen zu behaupten, dass ein Aufhören in dem Moment, wo die Dinge anfangen, sich in Ihrem Sinne zu ent-

wickeln, *töricht* wäre, doch es würde einen Teil Ihrer Bemühungen zunichtemachen. Wenn Sie Ihre Arbeit dann wieder aufnehmen, werden Sie eine Zeit lang abwarten müssen, bis die Dinge wieder zu funktionieren beginnen. Es wäre viel besser, mit Ihrer Praxis einfach ohne Unterbrechung weiterzumachen, als ständig aufzuhören und neu zu beginnen. Dadurch sparen Sie nicht nur Zeit, sondern gewöhnen Ihren Geist auch daran, alle Ihnen zur Verfügung stehenden Manifestationswerkzeuge zu benutzen. Kontinuierlich an Ihren Manifestationen zu arbeiten ist die wirksamste Möglichkeit, Ihren Fokus beizubehalten.

Geben Sie sich die Erlaubnis, Gutes zu empfangen

Sie könnten tausend Bücher über Wohlstand lesen und hundert Seminare über das Gesetz der Anziehung belegen. Solange Sie sich jedoch nicht die Erlaubnis geben, Gutes zu empfangen, wird Ihnen keines dieser Prinzipien helfen, Ihre Fülle zu manifestieren.

Wenn Sie die Botschaften der himmlischen Fülle befolgen, werden magische Dinge in Ihrem Leben passieren. Es werden Ihnen Gelegenheiten geboten, Sie haben tolle Ideen, und Sie werden sich inspiriert fühlen, Ihre Träume zu verwirklichen. Das ist der Moment, wo Sie die Ängste des Egos, etwas zu empfangen, überwinden müssen. Ansonsten wird Ihr Ego sämtliche Bemühungen sabotieren und Sie erneut davon abhalten, die Fülle zu manifestieren, die Sie sich wünschen und die Ihnen zusteht.

Sie werden sich immer mehr der Geschenke bewusst, die in vielen verschiedenen Formen zu Ihnen kommen. Diese Geschenke könnten unter anderem Personen sein, die Ihnen Hilfe anbieten. Es kann sich um Geld handeln, das Sie an verschiedenen Orten finden, oder neue Ideen, die Ihnen überraschend einfallen. Wenn diese Geschenke Ihres Weges kommen, sollten Sie nicht vergessen, dieses eine magische Wort zu sagen: »Danke«. Das ist alles. Bedanken Sie sich einfach und akzeptieren Sie mit Freuden das Gute, das zu Ihnen kommt.

Falls Ihr Bauchgefühl Alarm schlägt und Ihnen sagt, dass Sie der Person, die Ihnen etwas anbietet, nicht vertrauen können, werden Sie natürlich zuerst darüber meditieren und beten wollen:

> *»Lieber Gott, ich bin mir nicht sicher, ob es das Ego*
> *oder mein höheres Selbst ist, das mich warnt.*
> *Bitte beschütze mich vor allen negativen Einflüssen.«*

Doch in den meisten Fällen wird all die wunderbare Arbeit, die Sie geleistet haben, nur Menschen mit der höchsten Integrität und willkommene Gelegenheiten zu Ihnen bringen.

SIE DÜRFEN IN RUHE
GUTES EMPFANGEN

Sie wie jeder andere Mensch auch haben Glück, Gesundheit, Fülle, Liebe und Erfolg verdient. Das niedere Selbst (Ego) basiert auf Angst, daher fühlt es sich vom Glück bedroht. Das Ego versucht Sie zu überzeugen, dass Sie es nicht verdienen, Gutes zu empfangen und dass Erfolg größere Verantwortung, starken Druck und Veränderungen in Ihren Beziehungen zur Folge hat. Ihr höheres Selbst nimmt dankbar Hilfe und Unterstützung an in dem Wissen, dass dies Nahrung für seine Lebensaufgabe ist.

Wenn Sie etwas Gutes empfangen, sind Sie besser in der Lage, anderen zu helfen. Falls Sie sich zum Beispiel für Ihre Arbeit, die auf Heilen, Lehren, Kunst oder Spiritualität basiert, bezahlen lassen, versetzt Sie das in die Lage, einen weniger erfüllenden Job aufzugeben. Das wird Ihnen erlauben, mehr Zeit und Mittel zu investieren, um anderen zu helfen.

Sie nehmen einem anderen Menschen nichts weg, wenn Sie sich die Erlaubnis geben, etwas zu empfangen. Tatsächlich schaffen Sie damit einen Vorrat an Energie, Selbstachtung und innerer Kraft, die Sie an andere weitergeben können. Ihre Talente, Passionen und Interessen sind das Fundament Ihrer Lebensaufgabe.

Hier sind ein paar Engel-Affirmationen, um Ihre positiven Veränderungen zu unterstützen:

- ⊕ Ich darf in Ruhe Gutes empfangen.

- ⊕ Ich lebe mein Leben jetzt entsprechend meiner inneren Führung.

- ⊕ Ich darf glücklich sein.

- ⊕ Ich genieße und verdiene inneren Frieden.

- ⊕ Ich habe Mitgefühl für mich selbst.

- ⊕ Ich vertraue meinen Gefühlen und höre auf sie.

- ⊕ Ich werde geliebt und unterstützt.

- ⊕ Ich darf erfolgreich sein.

- ⊕ Ich gebe mir selbst die Erlaubnis, Liebe und Unterstützung zu empfangen.

- ⊕ Ich darf im Umgang mit anderen Menschen authentisch sein.

- ⊕ Ich habe das Recht, mein Leben so zu verändern, wie es den Visionen meines höheren Selbst entspricht.

⊕ Ich lasse das Alte leichten Herzens los, wenn es seine Aufgabe erfüllt hat.

⊕ Ich sorge dafür, dass es mir in jeder Hinsicht gut geht.

⊕ Wenn ich gewinne, gewinnt jeder.

Wenn Sie diese Affirmationen täglich (entweder im Stillen oder mit lauter Stimme) sprechen, wird das Ihre Selbstachtung, Ihr Selbstvertrauen, Ihre Energie und Motivation stärken.

MÖWEN UND TREIBHOLZ

Wenn Ihr Traum Wirklichkeit wird, ist das ungefähr so, als würde ein Matrose Zeichen sehen, dass Land in der Nähe ist. Zunächst werden Sie kleine Geschenke des Universums empfangen, die auf Ihren Traum hindeuten. Das kann man mit dem Matrosen vergleichen, der eine Möwe oder ein Treibholz sichtet und weiß, dass sein Schiff bald anlegen wird. Was wäre, wenn der Matrose behaupten würde, dass die Möwe und das Treibholz nicht gut genug sind, und er einen Wutanfall bekommt, weil sein Traum, an Land zu gehen, nicht unverzüglich auf der Stelle wahr wird? Was wäre, wenn er völlig das Vertrauen in seinen Traum verlieren, alle Hoffnung aufgeben und nicht weitersegeln würde?

Dieser Vergleich zeigt die leider allzu häufige Tatsache des Aufgebens wenige Minuten vor dem Ziel oder dem Wunder. Es ist wichtig, dass Sie Ihren Geist klar und offen halten und die Zeichen wahrnehmen, die Ihnen sagen, dass Ihr Traum bald Wirklichkeit wird. Die kleinen Geschenke des Universums sind Ihre Möwen und Ihr Treibholz. Segeln Sie weiter in die Richtung dieser Geschenke, und Sie werden Ihren Traum dort finden!

GEBEN UND NEHMEN
INS GLEICHGEWICHT BRINGEN

In unserer physischen Welt der Dualität und Polaritäten gibt es Gegensätze, die sich immer wieder ins Gleichgewicht bringen. Zu diesen Gegensätzen, die wir überall in der Natur sehen, gehört auch Geben und Nehmen. Betrachten wir zum Beispiel die Gezeiten der Meere, die Ebbe und Flut erzeugen, sowie das Ein- und Ausatmen. Vielen sensitiven und sanftmütigen Menschen ist es angenehmer zu geben, als zu nehmen beziehungsweise zu empfangen. Doch beides ist gleich wichtig. Wenn Sie nur geben, werden Sie sich selbst blockieren und nicht fähig sein, Fülle anzunehmen.

Empfänglich zu sein versetzt Sie zudem in die Lage, göttliche Führung besser zu hören und ihr zu folgen. Wenn Sie nur geben, blockieren Sie damit jegliche Form von Empfänglichkeit.

Geben ist eine männliche und Empfangen eine weibliche Energie. Es ist ungemein wichtig, dass wir Geben und Nehmen täglich ins Gleichgewicht bringen, um die männlichen und weiblichen Energien in uns zu harmonisieren.

Männliche Energie hat mit Macht, Autorität, Kontrolle zu tun und damit, hinaus in die Welt zu gehen und sich zu behaupten. Weibliche Energie dreht sich um Fürsorglichkeit, Intuition und Gefühle. Jeder Mensch, egal ob Mann oder Frau, trägt sowohl männliche als auch weibliche Energien in sich. Weibliche Energie ist die Künstlerin, und männliche Energie ist der Manager und Agent der Künstlerin.

In jeder Beziehung ist es wichtig, dass beide Partner sowohl geben als auch empfangen. Waren Sie jemals in einer Beziehung mit jemandem, der immer nur von Ihnen *genommen* hat? Oder haben Sie schon mal jemanden gekannt, der sich weigerte, Hilfe anzunehmen? Die Gegenwart von unausgewogenen Menschen ist frustrierend, daher wollen Sie anderen nicht das Gleiche antun, indem Sie nur geben oder nur nehmen.

Tun Sie jeden Tag Ihr Bestes, um Geben und Nehmen ins Gleichgewicht zu bringen. Erlauben Sie sich, etwas zu empfangen, und bedanken Sie sich für die Geschenke, die zu Ihnen kommen. Gestatten Sie anderen, Ihnen zu helfen. Nehmen Sie Komplimente und gute Ratschläge an.

Im Gegenzug achten Sie darauf, anderen in gleichem Maße zurückzugeben. Tatsächlich können Sie das Ausmaß der Geschenke, die auf Sie zukommen, vergrößern, indem Sie selbst mehr geben. Solange Sie sich erlauben zu empfangen, wird das Universum Ihnen unweigerlich zurückgeben. Alles, was Sie geben, wird zehnfach zu Ihnen zurückkehren, wenn Sie sich selbst *erlauben*, diese zehnfache Gegenleistung anzunehmen. Natürlich sagen die Engel der Fülle, dass wir nicht geben sollen, um zu empfangen. Das wäre schließlich kein echtes Geben.

Geben Sie allein für die Freude, die es Ihnen macht, und für die dankbare Zufriedenheit, anderen dienen zu können, wann und wie immer es Ihnen möglich ist.

Machen Sie sich bewusst, dass Sie jetzt, in diesem Moment, viel Gutes für andere tun können. Sie müssen nicht warten, bis Ihr Buch erschienen ist, Ihr Heilzentrum etabliert ist oder Sie mehr Selbstvertrauen gewonnen haben, um anderen helfen zu können. Sie besitzen das göttliche Geschenk des Helfens und Heilens genau jetzt, in dieser Minute. Also geben Sie unermüdlich und empfangen Sie in gleichem Maße.

11. Botschaft

Halten Sie Ihren Vertrag mit Gott ein

Am Anfang dieses Buches haben wir erwähnt, dass es sich hierbei um ein Werk über göttliche Verträge handelt, die Sie mit Ihrem Schöpfer schließen. Die Engel spielen eine sehr wichtige Rolle in diesem göttlichen Vertrag.

Das Interessante an dieser Vereinbarung ist, dass sie einseitig ist. Sie verpflichten sich, exakt das zu empfangen, was Sie sich wünschen. Es wird nicht von Ihnen erwartet, etwas zurückzugeben – außer dass Sie vielleicht ein wenig Anerkennung und Dankbarkeit in die Richtung schicken, aus der Ihre Segnungen kommen.

Die Engel der Fülle geben Ihre Wünsche und Änderungen an die Macht des Universums weiter, wo sie erfüllt werden. Sie haben gelernt, wie entscheidend es ist, dafür zu sorgen, dass die Botschaft, die weiter-

gegeben wird, exakt Ihren Vorstellungen entspricht. Wenn wir immer wieder betonen, wie wichtig diese Exaktheit ist, wollen wir Sie damit nicht erschrecken. Wir geben Ihnen lediglich eine Wahrheit weiter, der Sie sich bewusst sein müssen, um Ihre eigenen Möglichkeiten voll zu verstehen.

Bewusstsein ist der Schlüssel zu vielen Bereichen Ihres Lebens. Alle Entscheidungen müssen im vollen Wissen darüber getroffen werden, warum Sie sich so entscheiden. Selbst wenn die Gründe für Ihre Entscheidungen auf den ersten Blick nicht einleuchtend sind, so ist die Tatsache, überhaupt einen Grund zu haben und sich dessen bewusst zu sein, ausschlaggebend.

Ein besonders heikler Aspekt bei diesem Thema besteht darin, wie unsere Entscheidungen auf andere Menschen wirken. Es stimmt, dass unsere Entscheidungen manchmal zu negativen Konsequenzen für Menschen führen, deren Wohl uns am Herzen liegt. Die Engel lehren uns jedoch, dass dies niemals passiert, solange wir uns der Natur unserer Entscheidungen wirklich bewusst sind.

Es ist Teil unserer Lektionen, hier auf der Erde zu lernen, die Auswirkungen unserer Entscheidungen und Handlungen vorauszusehen und diesen Aspekt zu meistern.

Konsequenzen setzen sich nicht in einer endlosen Kette von Ereignissen fort. Das ist eine gute Nachricht, da der menschliche Verstand sich zuweilen mit dem Konzept der Ewigkeit schwertut. Zudem bedeu-

tet es, dass Sie – in Anbetracht genug fürsorglicher Intention – voraussehen können, wie sich Ihre Entscheidungen möglicherweise auf andere auswirken.

Wir sind überzeugt, dass es nur wenige Menschen gibt, die ganz bewusst anderen schaden wollen. In den allermeisten Fällen sind Menschen gutherzig und liebevoll. Viele Verletzungen und Schmerzen, die uns von unseren Mitmenschen zugefügt werden, sind demnach unbeabsichtigt.

Wenn wir unser Bewusstsein erhöhen, fungieren wir als Leuchtfeuer, um anderen zu zeigen, wie auch sie ihr Bewusstsein erhöhen können.

Die Engel der Fülle lieben es, wenn wir Vorbilder für andere sind und ihnen zeigen, wie sie aufmerksamer mit ihren Entscheidungen umgehen können. Die Engel reichen jede Botschaft weiter, die wir ihnen geben, egal, ob uns bewusst ist, dass wir sie geben oder nicht. Wenn wir bewusster werden, sind die Engel in der Lage, liebevolle Botschaften zu schicken, die ungeheuer hilfreich für uns sind. Wenn wir die Wahl haben, ziehen wir alle es vor, positive Nachrichten und Bitten weiterzureichen anstatt negative.

DIE VERTRAGSBEDINGUNGEN

Die Art der Verträge, die wir mit unserem Schöpfer schließen, kann sich im Laufe der Zeit ändern. Wenn wir in einem klaren Augenblick der Erkenntnis entscheiden, dass die gegenwärtige Richtung in unserem Leben nicht akzeptabel ist oder in irgendeiner Form verbessert werden muss, haben wir die Freiheit, entsprechend zu handeln. Unter Anwendung der in diesem Buch beschriebenen Werkzeuge ist es möglich, mühelos Fülle in jeden Bereich Ihres Lebens zu bringen.

Die Natur der Zeit, so wie sie auf unserem Planeten existiert, ist ein rein menschliches Konstrukt. Da Sie Ihr Leben seit so langer Zeit nach einem festgesetzten Muster gelebt haben, glauben Sie vielleicht, dass es eine ähnlich lange Zeit dauern wird, Ihr Leben zu *ändern,* doch so ist es nicht. Ihr Leben lang werden Sie von göttlichen Wesenheiten unterstützt, die weder von Zeit noch Raum in irgendeiner Weise begrenzt sind. Sie können Ihnen helfen, Ihr Leben *jetzt*, in diesem Moment, in eine positive und erfüllende Richtung zu bringen. Doch wie bei allen Verträgen müssen Sie auch hier etwas zurückgeben.

Was könnten Sie, als Mensch mit einem physischen Körper, je einem spirituellen Wesen, das ohne Grenzen ist, geben? Schließlich könnten alle diese Wesenheiten jederzeit alles haben, was sie sich wünschen, sofern sie *überhaupt* etwas wünschten. Der Begriff »Wert« ist nur für Menschen von Bedeutung. Das liegt an der begrenzten Natur unserer

physischen Ebene. Die spirituelle Ebene kennt derlei Grenzen und Einschränkungen nicht, daher hört sich der Gedanke, etwas zurückzugeben, vielleicht verrückt an. Doch zu unserem Glück gibt es eine sehr wichtige Sache, die wir im Ausgleich für göttliche Hilfe anbieten können, und dieses wertvolle Etwas wird *Erlaubnis* genannt. Gott, die Engel und alle göttlichen Wesen können nicht in Ihrem Namen tätig werden, solange Sie nicht um Hilfe bitten. Ihr Recht auf Selbstbestimmung und freien Willen gilt für alle Ewigkeit, ohne Einschränkungen. Selbst wenn diese ansonsten unbegrenzten Wesenheiten den Wunsch hätten, Ihren freien Willen zu unterwandern (was sie natürlich *nie* wünschen würden), wären sie dazu nicht in der Lage.

Wir wurden aus einem sehr wichtigen Grund auf diesen Planeten gesandt. Und doch sehen wir uns jeden Tag mit Tausenden von Gründen konfrontiert, unsere göttliche Aufgabe zu ignorieren. Daher ist es unsere Fähigkeit, die ständigen Versuchungen zu *ignorieren*, die uns zu segensreichen Mitgestaltern unserer Welt machen. Wir können den Fernseher ausschalten, den Joystick zur Seite legen und die Einladung ablehnen, uns die Nacht um die Ohren zu schlagen.

Natürlich müssen und sollen Sie sich nicht vom Leben abschotten. Eine mönchische Existenz mag für manche Menschen erfüllend sein. Die Mehrheit von uns wurde aber nicht auf die Erde geschickt, um diesen Weg zu gehen. Jedoch müssen Sie in der Lage sein, sich auf Ihre

eigenen Projekte zu fokussieren und potenzielle Negativität fernzuhalten, während Sie Ihr Leben in erfüllender Weise neu gestalten.

Sie werden umgehend wissen, ob Sie einen positiven Vertrag eingegangen sind, denn dann werden Sie Ihr Bestes tun, jeden in Ihrer Umgebung zu ignorieren, der Ihnen sagt, dass alle guten Dinge ein Ende haben müssen. Das Sufi-Mantra »Auch dies wird vergehen« mag wahr sein, doch in Bezug auf göttliche Verträge gilt, dass sofort ein neuer in Kraft tritt, sobald der alte erfüllt ist. Die guten Zeiten von Positivität, Fülle und Liebe müssen nie ein Ende finden.

Das Ziel all dieser göttlichen Verträge ist es, Ihnen zu helfen, Ihr Leben feiner einzustimmen, damit äußere Ablenkungen Sie nicht daran hindern, sich auf Ihre Aufgabe zu fokussieren. Die Engel wollen Ihnen helfen zu vermeiden, dass alltägliche Dinge wie zum Beispiel Sorgen und Mangel die Lektionen beeinträchtigen, die zu lernen Sie auf die Welt gekommen sind. Sie werden Ihnen immer und sofort in jedem Bereich Ihres Lebens zur Seite stehen, wo Sie das Gefühl haben, ihre Hilfe zu benötigen. Sie müssen einfach nur Ihren Stolz hinunterschlucken und um Hilfe bitten.

Von Zeit zu Zeit scheint es, als würden wir immer wieder um Hilfe bitten. Unsere Not scheint so groß zu sein, dass wir nicht begreifen können, warum keine Hilfe kommt. Dies ist einfach ein Missverständnis, was auf die unterschiedliche Sichtweise in Bezug auf die Situation zurückzuführen ist. Wir sind natürlich und unvermeidlich aktive Teil-

nehmer an unserem Leben. Wir sehen die Dinge aus der Ich-Perspektive, und es kann sehr schwierig sein, eine Situation aus der Perspektive eines Außenstehenden zu betrachten. Bei Gott und den Engeln existiert diese Einschränkung nicht. Sie können jeden einzelnen Aspekt unseres Lebens mit viel mehr Klarheit und Weisheit sehen, als wir uns je vorstellen können.

Wenn Sie wirklich um Hilfe bitten und offen dafür sind, sie zu empfangen, dann wird sie auch kommen. Vielleicht werden Sie nicht in der Lage sein, den Grad der Hilfe, die Sie zu dem Zeitpunkt empfangen, voll zu erkennen und zu schätzen, doch alles, was Ihrem höchsten Gut dient, wird Ihnen zur Verfügung gestellt.

Das kann eine Botschaft sein, die zuweilen nur schwer zu akzeptieren ist. Es kann leicht passieren, dass wir das, was wir als das Beste für uns sehen, verwechseln mit dem, was *in Wahrheit* das Beste für uns *ist*. Das ist der Moment, wo Glauben und Vertrauen ins Spiel kommen. Wir müssen fähig sein, darauf zu vertrauen, dass Gott und die Engel bei jedem unserer Schritte bei uns sind und auf uns achten.

Quälen Sie sich nicht, wenn Sie damit Probleme haben. Wenn es immer so leicht wäre, zu glauben und Vertraucn zu haben, würde es seinen Wert verlieren. Wahrer Glaube und Vertrauen sind per definitionem etwas, das Sie erst nach intensiver innerer Betrachtung finden werden.

EINEN VERTRAG BEENDEN
ODER ÄNDERN

Wenn Sie einen göttlichen Vertrag erfüllt haben, können Sie ihn jederzeit beenden. Wenn Ihre Prioritäten sich aus irgendeinem Grund neu geordnet haben, können Sie Ihren Fokus einfach auf eine andere Manifestation richten. Sie müssen nicht darauf warten, dass jeder Vertrag erfolgreich ausgeführt ist, bevor Sie eine neue Vereinbarung eingehen können. Dabei können Sie auf verschiedene Weisen vorgehen:

DIE ERSTE MÖGLICHKEIT, einen alten Vertrag zu beenden, besteht darin, einfach Ihre Engel darum zu bitten. Jeder Engel wird diese Bitte erfüllen, wenn es auch eine besondere Spezialität von Erzengel Michael ist, die Schnüre zu durchtrennen, die Sie mit Ihrem alten Vertrag verbinden. Eine Schnur ist im Wesentlichen ein spirituelles Band zu einem anderen Objekt, Wunsch, Lebewesen oder Gedanken. Schnüre entstehen, wann immer Sie Objekte, Menschen oder Gedanken begegnen. Schnüre sind eine Methode, um Energie zwischen Ihnen und allem anderen im Universum weiterzuleiten. Wenn diese Schnüre immer dichter werden, bis zu dem Punkt, an dem sie Ihnen Energie absaugen oder Sie das Objekt oder die Person nicht länger in Ihrem Leben haben möchten, können Sie darum bitten, dass diese Schnüre durchtrennt werden. Falls Sie extrem viele dieser Schnüre angesammelt haben, führt

das Durchtrennen in der Regel dazu, dass Sie sich leichter und unbeschwerter fühlen, ohne dass die Engel jemals irgendwelche positiven Einflüsse aus der jeweiligen Verbindung beseitigen würden. Sie müssen auch keine Angst haben, dass das Durchtrennen der Schnüre zu Ihrem Partner sich negativ auf Ihre Beziehung auswirken wird.

Wenn Sie die Schnüre zu einem alten Vertrag durchtrennen, lassen Sie das Universum wissen, dass Sie nicht länger Energie in diese Aufgabe investieren wollen, sondern diese auf den nächsten Vertrag weiterleiten möchten. Es gibt weder Strafen noch Nachteile, wenn Sie einen göttlichen Vertrag vorzeitig beenden.

DIE ZWEITE METHODE zur Beendigung eines alten Vertrages, der Ihnen nicht länger dient, ist etwas esoterischer und eignet sich perfekt für diejenigen unter uns, die besser mit physischen Objekten und Symbolen arbeiten als mit Gedanken, die ihrer Natur nach »ungreifbar« sind. Bei dieser Methode schreiben Sie genau auf, was Sie zu manifestieren oder in Ihr Leben zu bringen versucht haben. Sie können dabei so detailliert oder so pauschal vorgehen, wie Sie möchten.

Dieser Prozess dient in erster Linie Ihrem eigenen Wohlbefinden und inneren Frieden und ist kein geheimnisvolles Ritual, das nach einer vorgeschriebenen Abfolge vorgenommen werden muss.

Sobald alles notiert ist, was Sie bisher zu manifestieren versucht haben, vergraben Sie dieses Blatt Papier in der Erde. Wo und wie auch

immer bleibt völlig Ihnen überlassen. Jedes aus Holz gewonnene Papier wird sich innerhalb von Tagen organisch auflösen, was eventuelle Reste dieses alten Vertrages für immer vollständig aus Ihrem Leben entfernen wird.

Sie können jederzeit einen neuen Vertrag mit Gott schließen, falls Sie – aus welchem Grund auch immer – Ihre Meinung ändern. Sogar ein Vertrag, der seit einiger Zeit storniert war, kann reaktiviert und der Manifestationsprozess neu aufgenommen werden. Wenn Sie sich genau erinnern, was Sie zuvor in Ihr Leben zu bringen versucht haben, können Sie einfach die Engel bitten, Ihnen zu helfen, Ihr Ziel zu erreichen. Ansonsten können Sie Ihre frühere Manifestation unter Anwendung derselben Technik wiederholen, die Sie zuvor benutzt haben. Das dürfte Ihnen dieses Mal wesentlich leichter fallen, da Sie mit dem Prozess bereits vertraut sind.

Das Wort *Vertrag* mag manche Menschen erschrecken. Doch gibt es nichts, was Sie befürchten müssten. Während der Laufzeit dieses göttlichen Vertrages werden Sie niemandem irgendetwas schulden. Zu keiner Zeit werden Sie Strafen zu erwarten haben, weil Sie nicht aktiv genug waren.

Sie haben die Freiheit, diesen göttlichen Vertrag einzugehen und zu beenden. Die Entscheidung liegt allein bei Ihnen. Es handelt sich hier um einen göttlichen Vertrag bedingungsloser Liebe, der Ihnen helfen wird, Ihre Herzenswünsche zu erfüllen.

Die Engel der Fülle möchten unbedingt, dass Sie sie um ihre Hilfe bitten, und sie möchten, dass Sie das wissen! Sie haben unendliche Geduld und werden auf Ihre Bitte warten. Sie müssen niemals befürchten, dass Sie die Engel belästigen: Die göttlichen Boten können gleichzeitig bei jedem von uns sein, egal, wer und wo wir sind. Wenn Sie die himmlischen Wesen um Unterstützung bitten, bedeutet das nicht, dass sie unfähig wären, jemand anderem zu helfen, der ihre Hilfe dringender braucht. Sie können helfen, und sie helfen jedem von uns mit derselben Zuverlässigkeit.

NACHWORT

Herzlichen Glückwunsch! Jetzt haben Sie erfahren, was Manifestation in ihren unterschiedlichen Formen bedeutet. Jeder Bereich Ihres Lebens kann von den Werkzeugen und Techniken, die Sie gerade gelernt haben, profitieren. Durch das Lesen dieses Buches von der ersten bis zur letzten Seite haben Sie Ihre Bereitschaft gezeigt, nicht nur Ihr Leben in jeder Hinsicht zu verbessern, sondern zur Verbesserung der Welt als Ganzes beizutragen.

Sie sind auf diesen Planeten gekommen, um eine sehr wichtige Aufgabe zu erfüllen.

Gott und die Engel, vor allem die Engel der Fülle, mit denen Sie so eng gearbeitet haben, helfen Ihnen auf jedem Schritt des Weges. Jetzt, wo Sie wissen, wie Sie die himmlischen Kräfte in Ihr Leben einladen

und um die Hilfe bitten können, die Sie brauchen, sind Sie umso besser in der Lage, Ihre Aufgabe zu vollbringen.

Die Engel der Fülle verwirklichen *ihre eigene* Mission, indem sie Ihnen helfen, *Ihre* zu erfüllen. Sie freuen sich, dass Sie sich die Zeit genommen haben zu verstehen, auf welche Weise sie in der Lage sind, Sie zu unterstützen. Sie möchten nicht, dass Sie aufgrund von Mangel irgendwelche physischen Leiden erdulden. Vielmehr möchten sie Ihnen die Kraft geben, Ihre Mission zu erfüllen, damit Sie in der Lage sind, so vielen Menschen wie möglich zu helfen.

Das wirksamste Werkzeug im Universum fürs Manifestieren ist das, *was für Sie am besten funktioniert.* Wir fordern Sie dringend auf, alle Techniken, die Sie gelernt haben, zumindest einmal auszuprobieren und zu sehen, welche Ihnen am angenehmsten ist. Falls Sie alle Techniken gut finden, ist das fantastisch! Falls Sie sich jedoch stark zu einer bestimmten Technik hingezogen fühlen, dann sollten Sie diese unbedingt als einzige benutzen. Sie sind in keiner Weise verpflichtet, eine Technik anzuwenden, die Sie als unausführbar oder unangenehm empfinden.

In der Einleitung haben wir erwähnt, dass dies ein Buch über göttliche Verträge ist. Das gilt bis zum Schluss. Ihre Seite des Vertrages mit Gott erfordert jetzt, dass Sie das Gelernte praktizieren, um Ergebnisse zu erzielen. Sie sind mit dem Wissen und der Motivation ausgestattet,

das zu manifestieren, was Sie sich wünschen. Jetzt liegt es an Ihnen, die nächsten Schritte zu tun und dafür zu sorgen, dass es passiert. Die Engel der Fülle sind nur in der Lage, Ihnen zu helfen, wenn Sie sie darum bitten. Sich regelmäßig an die Engel zu wenden ist die ideale Methode, dafür zu sorgen, dass Sie nie ohne ihre liebevolle Hilfe und Führung sein müssen.

Offen zu sein für die Geschenke, die Gott und die Engel Ihnen bringen werden, ist ein entscheidender Teil jeder Manifestation. Sie müssen lernen, instinktiv zu vertrauen, dass die Fülle als Geschenk des Himmels zu Ihnen kommt. Wenn sich Gelegenheiten bieten, überlegen Sie nicht lange, ob Sie sie verdienen oder es wert sind, sie anzunehmen. *Sie sind es hundertprozentig wert!* Manchmal, zum Beispiel bei Vorstellungsgesprächen oder Superangeboten von Dingen, die Sie sowieso kaufen wollten, gibt es ein deutliches Zeitlimit. Sie müssen bereit sein zuzugreifen, das Eisen zu schmieden, solange es heiß ist, wie es ein Sprichwort formuliert.

Falls Sie aus Versehen eine dieser Gelegenheiten vorbeigehen lassen, ist dies kein Grund, zu verzweifeln oder panisch zu werden. Weitere Gelegenheiten werden sich Ihnen präsentieren. Sobald Sie sich auf den Weg zur Manifestation machen, fühlt es sich manchmal fast so an, als gäbe es eine Verschwörung, um Ihnen zu Erfolg und Fülle zu verhelfen. Ohne Frage wird es Ihnen umso besser gehen, je feiner Sie darauf eingestimmt sind, diese Gelegenheiten zu erkennen, sobald sie sich

zeigen. Doch sollten Sie niemals mit sich selbst ins Gericht gehen, wenn Sie etwas versäumt haben.

Wir ermutigen Sie, ein Tagebuch für Ihren persönlichen Gebrauch anzulegen. Dort können Sie zum Beispiel jede Manifestation der Fülle aufzeichnen, die Sie erleben, während Sie mit diesen Techniken arbeiten. Ein Tagebuch zu führen hilft beim Manifestieren, da es als Gedächtnisstütze dient. Wenn Sie beispielsweise vierzig Tage Manifestationsarbeit und vierzig Tage Erfolg aufzeichnen, werden Sie umgehend wissen, warum am einundvierzigsten Tag nichts passiert ist, als Sie vergessen haben, Ihre Affirmationen zu wiederholen oder zu beten.

Auch Meditation ist ein sehr wichtiges Werkzeug zur Manifestation von Fülle. (Im Anhang finden Sie ein paar geführte Meditationen, zusammen mit einigen wahren Manifestations-Erfahrungen, um Sie auf Ihrem Weg zu inspirieren.)

Und zu guter Letzt wäre dies kein echtes Virtue-Buch, wenn es nicht ein paar Worte in Bezug auf Balance und Gleichgewicht enthalten würde, dem Schlüssel zu einem erfüllten Dasein. Auf Ihrer Reise durchs Leben müssen Sie immer wieder darauf achten, nicht unverhältnismäßig viel Zeit oder Energie in den einen oder anderen Bereich zu investieren. Fülle und Erfolg sind sehr wichtig, ohne Frage, doch sind sie nicht das Wichtigste im Leben.

Sorgen Sie dafür, dass Sie nicht Ihre ganze Zeit mit Arbeit verbringen. Gehen Sie spazieren, wenn die Sonne scheint. Schauen Sie sich einen Film mit jemandem an, den Sie besonders gernhaben. Und es ist völlig in Ordnung, hier und da ein wenig Zeit zu »verschwenden«. Wir alle kennen Personen, für die nichts anderes als ihre Arbeit zählt und die ständig nach Möglichkeiten suchen, um selbst aus den kleinsten Hobbys Geld zu machen. Das ist kein schöner Anblick, denn es zeigt ein Leben, das aus dem Gleichgewicht geraten ist.

Ein harmonisches Leben ist ein unmittelbarer Segen für Ihre Manifestationen. Es stimmt nicht, dass jemand zielstrebig auf ein Ziel hinarbeiten muss, um Erfolg zu haben. Wenn Ihr Leben in jeder Hinsicht im Gleichgewicht ist, ist es leicht, die positive Denkweise beizubehalten, die nötig ist, um jede Art von Fülle perfekt zu manifestieren. Menschen, die ständig arbeiten, mögen vielleicht finanzielle Fülle haben, doch um welchen Preis der Fülle in ihrer Gesundheit und in ihrem Liebesleben?

Das soll natürlich auf keinen Fall heißen, dass wir Bequemlichkeit oder Faulheit befürworten. Jeder, der Erfolg beim Manifestieren haben möchte, muss daran arbeiten, und dies zuweilen sehr hart, um seine finanziellen Ziele zu erreichen. Es genügt nicht, sich Fülle zu wünschen, ohne entsprechende Bemühungen zu unternehmen. Doch wollen wir auf keinen Fall, dass die Suche nach Fülle jeden Aspekt Ihres Lebens vereinnahmt.

Und jetzt möchten wir uns mit diesen Worten verabschieden: Wir alle sind zu gleichen Teilen Geist, Körper und Seele. Daher sollten Sie täglich danach streben, jedem Bereich Ihres Lebens dieselbe Aufmerksamkeit zu widmen … und Sie werden Harmonie und ein perfektes Gleichgewicht finden.

Danke, dass Sie bis hierher mitgegangen sind.

Doreen und Grant

MANIFESTATIONS-
ERFAHRUNGEN

Wir bekommen regelmäßig Briefe von Menschen, die großen Erfolg mit den Techniken hatten, die in diesem Buch beschrieben sind. Häufig haben sie aufgrund einer scheinbaren Notsituation oder besonderer Umstände nur eine bestimmte Technik ausprobiert. In einem Moment der Verzweiflung entschieden sie, ein Risiko einzugehen und zu prüfen, ob diese Werkzeuge ihnen tatsächlich helfen konnten.

Das Resultat, wie Sie sich vielleicht vorstellen können, waren die Bemühungen jedes Mal wert. Wenn wir unser Ego loslassen und beschließen, dass es uns reicht und dass es richtig ist, um Hilfe zu bitten, sind uns keine Grenzen mehr gesetzt bezüglich dessen, wie viel wir erreichen können. Der einzige »begrenzte« Mensch auf der Welt – und

wir meinen das in jeder Hinsicht und unter Berücksichtigung aller sogenannten Handicaps – ist der, der nicht um Hilfe bittet, wenn er sie braucht.

Vor Kurzem schrieb uns ein Mann namens Thomas und erklärte, dass er vorübergehend keine Arbeit hatte, weil seine Firma von einem größeren Konkurrenten aufgekauft worden war, der beschlossen hatte, die alte Belegschaft zu entlassen. Das führte dazu, dass mehrere Personen in seiner Umgebung nach der gleichen Art von Job suchten wie er.

Thomas wusste ohne jeden Zweifel, dass er eine neue Stelle finden würde, doch in der Zwischenzeit hatte er Rechnungen zu bezahlen und machte sich Sorgen, dass seine Familie während dieser Übergangsphase leiden würde. Ein Blick auf sein Konto zeigte ihm, dass er nicht genug Geld hatte, um seine anstehenden Schulden zu begleichen, was ihn sehr beunruhigte.

Am selben Tag begann Thomas, Affirmationen zu benutzen. Innerlich wiederholte er ständig: »Ich bin in jeder Hinsicht göttlich versorgt. Ich habe immer genug Geld, um meine Rechnungen zu bezahlen.«

Offensichtlich glaubte Thomas – genau wie wir –, dass eine einfache Affirmation sehr wirkungsvoll sein kann. Er schrieb Schecks für seine Hypothekengeber, Kreditkartenfirma und andere Unternehmen, denen

er Geld schuldete. Beim Ausfüllen jedes einzelnen Schecks und während er sie zur Post brachte, wiederholte er seine Affirmation.

Zwei Wochen später waren die Schecks noch immer nicht eingereicht worden. Allerdings erhielt er auch keine Mahnungen und Beschwerde-Anrufe, daher war er sich nicht sicher, was er von der Situation halten sollte. Wie Thomas in seinem Brief erklärte, hielt er es für das Beste, diese Firmen selbst anzurufen, bevor sie zu dem Schluss kommen würden, dass seine Zahlungen nicht rechtzeitig angewiesen worden waren. Die Firmen riefen ihn zurück mit der Information, dass sie die Zahlungen erhalten hatten, was sich auf seinem Konto zeigen müsste. Und richtig, sein Konto war gedeckt, und im Moment musste er nichts weiter unternehmen.

Er prüfte weiterhin täglich sein Konto, konnte jedoch keinerlei Beweise dafür finden, dass die Schecks tatsächlich eingelöst worden waren, doch alle Firmen hatten Thomas versichert, dass sie seine Schecks eingereicht und damit sein Konto belastet hatten. Doch wie gesagt, sein Kontostand blieb unverändert. Letzten Endes war das, was er affirmiert hatte, wahr geworden: Irgendwie hatte er genug Geld, um seine Rechnungen zu bezahlen.

Thomas' Geschichte, so erstaunlich sie sich anhören mag, ist unter Menschen, die regelmäßig irgendeine Form von Manifestation praktizieren, kaum einzigartig. Unabhängig davon, welchen Bereich Ihres

Lebens Sie zu verbessern suchen: Sie werden feststellen, dass Sie praktisch jedes Mal, wenn Sie diese Werkzeuge benutzen, das erreichen, was Sie erreichen wollten. Und diese Werkzeuge funktionieren so gut, weil sie Geschenke Gottes sind und keinerlei menschlichen und physischen Begrenzungen unterliegen. Zeit und Entfernung haben für die Engel keine Bedeutung; sie sind stets bereit und in der Lage, Ihnen zu helfen. Und Sie sind natürlich nicht auf die Werkzeuge begrenzt, die wir hier besprochen haben. Dies sind lediglich die Werkzeuge, die von den meisten Menschen als leicht zu benutzen und hilfreich empfunden werden. Die Engel freuen sich über jede liebevolle Botschaft und jede Bitte um Hilfe, egal, in welcher Form sie geäußert wird.

Vor ein paar Jahren erhielten wir den Brief einer Frau namens Margaret. Sie erzählte uns, wie gern sie nach einer zweijährigen Unterbrechung zurück aufs College gehen würde. Sie schrieb, dass sie während dieser zwei Jahre vorgehabt hatte, einen Job zu finden und ausreichend Geld zu sparen, um ihr Studium beenden zu können. Doch verdiente sie nie genug, um alle ihre Ausgaben zu decken, und es war ihr unmöglich, Geld fürs College zurückzulegen.

Margaret war klar, dass sie etwas anderes versuchen musste, um ihr Ziel zu erreichen. Also beschloss sie, ein Visionsbrett zu basteln, auf

dem sie das Bild eines neuen Autos befestigte, Bilder von Häusern mit dem Schild »Verkauft« davor plus diverse Fotos von Personen, die gerade einen Collegeabschluss machen. Diese Bilder halfen Margaret, ihre Ziele klar zu definieren, wie ihren Geist auf exakt das zu fokussieren, was sie wollte, damit Gott und die Engel ihr genau das bringen konnten, was sie sich wünschte.

Margaret schrieb, dass sie innerhalb von drei Wochen nach der Fertigstellung ihres Visionsbretts von ihrer Firma zur Managerin in einer neuen Niederlassung befördert wurde. Dazu war ein Umzug nötig, und zu den Nebenleistungen gehörte ein Firmenwagen, eine leicht zu tilgende Hypothek für ihr neues Haus und die Kosten für ein Abendstudium, um sich als Managerin fortzubilden.

Wie Sie sehen, sind Gott und die Engel in keiner Weise eingeschränkt. Dennoch können sie viel leichter helfen und uns geben, was wir brauchen und wünschen, wenn wir uns darüber klar sind, was wir wollen. Dann wird es für uns alle leichter, unsere Ziele zu erreichen.

Die Werkzeuge zur Manifestation sind sehr wirkungsvoll und können auf neue und individuelle Weisen benutzt werden. Niemand verlangt von Ihnen, diese Werkzeuge auf eine festgeschriebene Art anzuwenden.

Ein Brief, den uns vor Jahren eine Frau mit Namen Amanda geschrieben hat, macht diesen Punkt sehr deutlich.

Amanda war eines Abends allein zu Hause und damit beschäftigt, eine Arbeit zu Ende zu bringen, als plötzlich der Strom ausfiel. Da sie auf dem Land wohnte, war sie für eine solche Situation gut vorbereitet. Sie zündete ein paar Kerzen an und war in der Lage, alles zu finden, was sie brauchte.

Bald wurde die Ursache für den Stromausfall unüberhörbar klar: Draußen tobte ein sehr starkes und lautes Gewitter. Verständlicherweise war Amanda erschrocken, doch sie beschloss, etwas gegen ihre Angst zu unternehmen. Sie hielt die Kerzen in der Hand und visualisierte eine ruhige Wasseroberfläche, einen klaren Himmel, und dass das Licht in ihrem Haus wieder anging. Unter Benutzung von Techniken ähnlich denen, die in diesem Buch beschrieben sind, verwandelte sie ihre einfache Notfallkerze in ein machtvolles Werkzeug für Manifestation.

Kurz nachdem sie dieses Ritual beendet hatte, zog das Gewitter vorüber. Der Himmel klärte sich, und Amanda konnte sich am Anblick des klaren Sternenhimmels erfreuen. Kurz darauf war der Strom wieder da, und alles war gut.

Amandas Geschichte zeigt uns, wie es ohne komplizierte Vorbereitungen und dem Minimum an Werkzeug möglich ist, unsere Wünsche zu

manifestieren. Wir müssen kein Ritual vornehmen, außer es hilft uns in irgendeiner Weise. Wenn das Ritual für Sie Bedeutung hat, dann ist es wichtig. Sollten Sie jedoch fühlen, dass irgendein Aspekt dieses Prozesses ermüdend oder sinnlos ist, hat er keine Bedeutung und kann entfallen. Wenn Sie nichts als eine Notfallkerze haben, welch besseres Werkzeug könnten Sie sich in einer Notsituation wünschen?

Wir haben häufig und von vielen Menschen gehört, dass sie fürchten, ihre Probleme seien für die Engel zu banal. Es hat noch nie ein Szenario gegeben, wo das zutraf. Jede Situation, die Sie von Ihrer Lebensaufgabe abhält, ist der Hilfe Gottes und der Engel würdig. Sie müssen nie Angst haben, sie zu belästigen. Sie möchten Ihnen helfen und warten nur darauf, dass Sie um ihre Hilfe bitten.

Wann immer wir uns in Schwierigkeiten befinden oder uns über irgendetwas Sorgen machen, sollten wir als Erstes versuchen, um Hilfe zu bitten. Das ist auch uns nicht immer leichtgefallen. In der Vergangenheit gehörten wir beide zu den Menschen, die zu stolz waren, um Hilfe zu bitten, selbst wenn wir sie wirklich dringend brauchten.

Für viele Menschen stellt es eine Herausforderung dar, dieses Hindernis zu überwinden. Leider gibt es keine einfache Lösung, die Sie auf magische Weise dazu veranlassen kann, eine gewisse Demut zu ent-

wickeln. Es ist Ihre *Einstellung* zum Thema Hilfe, die einer Änderung bedarf. Der Grund, warum Sie zu Ihrer gegenwärtigen Überzeugung oder Abneigung gekommen sind, wenn es darum geht, Hilfe zu erbitten, ist genauso einzigartig wie alles andere an Ihnen.

Jeder Mensch kann in seinem Leben an den Punkt geraten, wo er oder sie es nicht länger als unangenehm oder unpassend empfindet, um Hilfe zu bitten. Sicher, manchmal möchten Sie es lieber nicht tun, weil Sie glauben, genauso gut allein mit der Situation fertig werden zu können. Das ist nicht dasselbe, als sich der Idee generell zu verschließen. Die einzige wirksame Methode, um sich an diese wichtige Fähigkeit zu gewöhnen, besteht darin, jedes Mal um Hilfe zu bitten, wenn Sie sie brauchen. Je öfter Sie darum bitten, desto leichter wird es Ihnen fallen.

Und wir können diese Tatsache nur bestätigen. Wir beide haben uns über viele Jahre hinweg immer wieder daran erinnern müssen, um Hilfe zu bitten, bevor wir uns damit wohlfühlten.

Der Lohn ist natürlich die Mühe wert. Wenn wir Gott und die Engel – einschließlich die Engel der Fülle – um Hilfe bitten, wird sie uns jedes Mal zuteil. Wie an früherer Stelle bereits erwähnt, wird diese Hilfe vielleicht nicht in einer sofort erkennbaren Form erscheinen, doch letztendlich werden Sie genau das erhalten, was Sie brauchen. Wenn Sie beschließen, *nicht* um Hilfe zu bitten, dann ist das Ausmaß der Unterstützung, die Gott und die Engel Ihnen geben können, drastisch

eingeschränkt. Uns allen wurde ein freier Wille gegeben, und dazu gehört das Recht, es in dieser Welt allein zu schaffen, ohne göttliche Intervention jedweder Art.

Für die meisten Menschen ist ein Leben ohne Hilfe von oben nicht die Art von Leben, das sie sich wünschen. Wir können nicht oft genug betonen, wie wichtig und effektiv es ist, einfach um Hilfe zu bitten.

Ein Brief, den uns ein Mann namens Dennis geschickt hat, macht diesen Punkt ganz besonders deutlich. Dennis war Taxifahrer und sah sich selbst stets als ein Mann, der alles allein erledigen konnte. Das stimmte meistens auch, also war er bis ins hohe Alter überzeugt, dass er nie irgendwelche Hilfe brauchte. Doch irgendwann kam Dennis an den Punkt, an dem es immer schwieriger wurde, alles allein zu tun. Und obwohl er dringend Unterstützung brauchte, war er absolut unfähig, darum zu bitten. Selbst wenn ihm Hilfe angeboten wurde, lehnte er ab, denn aus seiner Sicht wäre das ein Eingeständnis seiner Schwäche gewesen.

Zum Glück wurde Dennis eines Nachts mit einem wundervollen Traum gesegnet, in dem seine ganze Familie versammelt und glücklich war. In diesem Traum war er in der Lage, seine Lieben so gut er konnte um Hilfe zu bitten, und sie alle halfen ihm. Er konnte sehen, wie dank-

bar ihm seine Familie für seine vielen Jahre harter Arbeit und Hingabe war. Dennis wiederum wurde daran erinnert, wie stolz er auf sie alle war, weil sie ihm so nahestanden und bereit waren, zu helfen.

Von diesem Tag an hatte Dennis nicht länger Angst davor, um Hilfe zu bitten. Alles, was er selbst tun konnte, erledigte er in Eigenregie, doch wenn etwas zu schwierig für ihn war, bat er um Unterstützung. Das brachte ihn schließlich dazu, um göttliche Intervention für sich selbst und einige Familienmitglieder zu bitten.

In seinem Brief erklärt Dennis, dass er sich ohne diesen Traum, den er – davon ist er überzeugt – seinen Engeln verdankt, wahrscheinlich nicht so stark mit seiner Familie und Gott verbunden gefühlt hätte. Er glaubt, dass er ansonsten höchstwahrscheinlich auf seinem alten Weg geblieben und vielleicht heute nicht mehr am Leben wäre.

In mancher Hinsicht ist die Geschichte von Dennis ungewöhnlich, doch andererseits handelt es sich dabei um etwas, mit dem die meisten von uns früher oder später konfrontiert werden. Wir alle werden einen Moment erleben, wo wir absolut keine Wahl haben und um Hilfe bitten *müssen*. Dann müssen wir auch in der Lage sein, es ohne Zögern zu tun. Dennis gelang es, diese Barriere zu durchbrechen, und er wurde mit einem erfüllenden, angenehmen und sicheren Alter belohnt. Stellen Sie sich vor, welche Überraschungen auf Sie warten könnten, wenn *Sie* um Hilfe bitten würden.

Wenn Sie Hilfe von oben ersuchen, werden Sie eventuell hier und da aufgefordert, auf das zu reagieren, was Ihnen angeboten wird. Wenn Sie um einen neuen Job bitten und überraschend zu einem Vorstellungsgespräch gebeten werden, können Sie es nicht einfach ablehnen und dann erwarten, den Job zu bekommen. In dem Falle müssen Sie die offensichtlichen und erforderlichen Schritte unternehmen, um dem Universum auf halbem Wege entgegenzukommen. In vielen Fällen ist die Ihnen angebotene Hilfe das Gleiche, als würde Gott Ihnen eine Tür öffnen: Sie müssen einfach nur hindurchgehen.

MEDITATIONEN
FÜR FÜLLE

Wenn Sie meditieren, können Sie sich schnell auf die positiven Energien der Fülle einstimmen. Das, worauf Sie sich während Ihrer Meditation fokussieren, kann sich direkt auf das Endresultat Ihrer Manifestationen auswirken. Daher ist es sehr wichtig, dass Sie Ihren Fokus nur auf positive und liebevolle Vorstellungen und Gedanken richten.

Dieses Kapitel bietet Ihnen mehrere Meditationsbeispiele an, die Sie benutzen können, um Fülle in Ihr Leben zu bringen. Fühlen Sie sich frei, diese Meditationen Ihren persönlichen Bedürfnissen und Wünschen entsprechend zu modifizieren. Falls es zusätzliche Bilder oder Vorstellungen gibt, die Sie hinzunehmen wollen, können Sie entweder Teile der jeweiligen Meditation ersetzen oder die neuen Bilder in der

Mitte einbauen. Bevor Sie jedoch irgendetwas hinzufügen, stellen Sie sich folgende Fragen: *Sind diese Bilder so positiv wie möglich? Bin ich absolut sicher, dass ich sie manifestieren will?* Sollte die Antwort auf diese beiden Fragen *Ja* lauten, können Sie die jeweiligen Bilder bedenkenlos einfügen.

Das erste Meditationsbeispiel wendet sich an Gott und die Engel der Fülle, indem Sie sie bitten, Ihnen zu helfen, die Manifestation Ihrer Wünsche einzuleiten. Sie beginnen und beenden diese Meditation mit dem Fokus auf Ihren Atem.

⊕ Atmen Sie langsam und tief durch den Mund ein und durch die Nase aus. Wiederholen Sie dies sieben Mal. Stellen Sie sich bei jedem Atemzug vor, dass Sie alle Ängste und Zweifel aus Ihrem Körper ausatmen, während Sie reine Hoffnung und Positivität einatmen.

⊕ Atmen Sie weiterhin tief und langsam und rufen Sie sich dabei als Bild vor, was Sie manifestieren möchten. Versuchen Sie, dieses Bild mit so vielen Details wie möglich lebendig werden zu lassen. Sehen Sie jeden Aspekt Ihres Wunsches so genau, als wäre er bereits manifest. Halten Sie dieses Bild vor Ihrem

inneren Auge fest und ignorieren Sie alle äußeren Ablenkungen. Das Einzige, was in diesem Moment real ist, ist dieses innere Bild und Ihr Atem.

⊕ Während Sie weiterhin das Bild vor Ihrem inneren Auge betrachten, sagen Sie im Stillen oder mit lauter Stimme Folgendes:

»Lieber Gott und Engel der Fülle, ich bitte um eure Hilfe, damit ich ohne physische Ablenkungen und Unannehmlichkeiten meinen Lebensweg weitergehen kann. Ich erkenne, dass mein Weg ein machtvoller Weg ist, und ich möchte mich gern völlig und ohne Sorgen darauf fokussieren.

Ich vertraue darauf, dass Gott und die Engel mir beim Erreichen dieser Ziele helfen werden, so wie sie jedem helfen, der sie darum bittet. Ich habe weder Zweifel noch Angst in meinem Herzen. Bitte sorgt dafür, dass meine Wünsche und Bedürfnisse in jeder Hinsicht erfüllt werden.

Ich danke Gott und den Engeln der Fülle, dass sie mir jetzt solch liebevolle Fülle bereitstellen. Ich affirmiere erneut meinen Wunsch, diesen Weg, den Gott und ich gemeinsam gewählt haben, weiterzugehen, um dem Planeten auf die bestmögliche Weise zu helfen.

Amen.«

⊕ Verbleiben Sie in diesem Gefühl inneren Friedens und konzentrieren Sie sich auf Ihren Atem. Jeder Atemzug ist ein Geschenk Gottes und erinnert Sie daran, dass Sie auf so viele verschiedene Weise aufs Beste versorgt sind. In den Augen Gottes ist jede Form von Fülle ein und dasselbe. Gott und die Engel werden für uns alle auf die gleiche Weise sorgen.

⊕ Bleiben Sie weiterhin in diesem friedlichen Zustand und fahren Sie mit dem langsamen, tiefen Atmen so lange fort, wie es Ihnen angenehm ist. Sie können diese Meditation jederzeit beenden und so oft wiederholen, wie Sie möchten. Es gibt keinen Grund für Angst oder Sorge. Machen Sie sich die absolute Wahrheit bewusst, dass Gott und die Engel tun werden, was für Sie am besten ist, nachdem Sie jetzt um ihre Hilfe gebeten haben.

Es ist wichtig zu wissen, dass Sie während einer Meditation an mehr als ein Objekt oder Konzept denken können. Die einzige Einschränkung hier kommt von Ihrem Ego. Die Macht des Göttlichen ist unbegrenzt, daher gibt es keinen Grund, dass Sie sich selbst Grenzen setzen. Wenn Sie ein neues Haus, Auto oder einen neuen Job haben möchten, dann sollten Sie auf jeden Fall versuchen, alle drei Wünsche zur selben

Zeit zu manifestieren. Sie müssen nicht warten, bis eine Manifestation physische Realität geworden ist, bevor Sie mit der nächsten beginnen.

Wenn Sie Schwierigkeiten haben, sich auf mehrere Dinge gleichzeitig zu fokussieren, dann führen Sie diese Meditation einfach so oft durch wie die Anzahl der Wünsche, die Sie manifestieren wollen. Sie müssen lediglich positiv bleiben, Vertrauen haben und sich daran erinnern, die Engel um Hilfe zu bitten, und alle Ihre physischen Bedürfnisse und Wünsche werden erfüllt.

Falls es sich um etwas sehr Spezifisches handelt, das Sie gern haben möchten – wie zum Beispiel ein bestimmtes Haus, auf das Sie schon länger ein Auge geworfen haben –, dann kann Genauigkeit besonders hilfreich sein. Sobald das Haus vor Ihrem inneren Auge Form angenommen hat, visualisieren Sie die Außenwände. Stellen Sie sich vor, wie es sich anfühlen würde, sie tatsächlich zu berühren. Fragen Sie sich: *Wie fühlt sich das Haus an? Hat es einen Garten?* Visualisieren Sie sich selbst, wie Sie den Rasen mähen, und stellen Sie sich das Gefühl vor, das Sie dabei empfinden.

Alle diese zusätzlichen Feinheiten und Details machen das Bild für Sie realer und glaubhafter. Und je realer es ist, desto leichter werden Sie es physisch manifestieren können. Das hängt damit zusammen, dass Sie eher daran glauben, dass das Bild in Ihrem Kopf real ist, wenn Sie dafür sorgen können, dass es sich *real anfühlt*. Reale Objekte sind Dinge, die Sie sehen, berühren, riechen, schmecken und hören kön-

nen. Wenn dieses Bild in Ihrem Kopf alle fünf Sinne anspricht, gibt es nichts, was es von der physischen Realität trennt.

Sie werden dann sehen, dass Sie beim Meditieren fast immer die Techniken anwenden, die Sie in den früheren Kapiteln dieses Buches gelernt haben. Diese ganzheitliche Herangehensweise an Manifestation hat sich unzählige Male als die wirksamste Methode erwiesen, die gegenwärtig bekannt ist. Irgendwann werden mit Sicherheit neue Methoden entdeckt, und die Resultate können variieren, je nach Individuum. Durch häufiges Praktizieren werden Sie herausfinden, welche Methoden der Manifestation Ihnen am angenehmsten sind.

Grant: Die folgende Meditation wurde diesem Projekt freundlicherweise von meiner Frau, Melissa Virtue, zur Verfügung gestellt. Melissa hat diese wundervolle Meditation für Gruppen überall auf der Welt durchgeführt. In unserer wöchentlichen Radiosendung in den USA führt sie regelmäßig Zuhörer durch ähnliche Meditationen.

Die folgende Meditation hat sie speziell für Sie, die Leserin oder den Leser dieses Buches, entwickelt. Viel Freude dabei!

✛ Suchen Sie sich einen bequemen, ruhigen Platz, wo Sie sich entspannen können. Setzen oder legen Sie sich hin. Die Handflächen zeigen nach oben. Schließen Sie Ihre Augen.

Atmen Sie tief ein und lassen Sie beim Ausatmen alle Luft heraus. Wiederholen Sie dies zweimal.

Stellen Sie sich vor Ihrem inneren Auge ein leuchtendes smaragdgrünes Licht vor, das von der Erde hoch in Ihre Fußsohlen strömt. Dieses Licht fühlt sich warm und beruhigend an. Während Sie weiterhin ein- und ausatmen und den Rhythmus Ihres Atems fließen lassen, fühlen Sie, wie das smaragdgrüne Licht aufwärts in Ihre Beine, Hüfte, Beckengegend, Magen und Brustkorb steigt und sich schließlich in Ihrem Herzen niederlässt. Fühlen Sie, wie dieses warme Licht Ihr Herz reinigt und klärt. Es fühlt sich an, als würde Ihr Herz sich mit jedem Ein- und Ausatmen weiter ausdehnen.

✛ Nun sehen Sie einen schimmernden silbernen Ball aus Licht, der in die Spitze Ihres Kopfes schwebt, hinunter in Ihren Halsbereich und schließlich in Ihr Herz, wo es mit dem grünen Licht verschmilzt. Sie können dieses wundervolle silber-grüne Licht pulsieren fühlen, während es Ihr Herzchakra öffnet und ins Gleichgewicht bringt.

⊕ Während das Licht Sie weiterhin mit der Erde und dem Himmel verbindet, erblicken Sie vor Ihrem inneren Auge einen steinernen Bogengang. Achten Sie auf das saftige Grün der Blumen und Pflanzen entlang dieses Bogengangs. Halten Sie einen Moment inne, um Ihren Namen zu sehen, der auf der Spitze des Bogens eingemeißelt ist. Neben Ihrem Namen lesen Sie die Worte »Empfange Fülle jetzt«. Dies ist Ihr persönliches Tor zur Fülle.

Ihre Entscheidung, diese Schwelle zu überschreiten, ist ein lautstarkes »Ja« für das Universum. Es lässt die göttliche Quelle wissen, dass Sie wirklich bereit sind, Ihre Fülle jetzt zu empfangen. Sie sind bereit, sich in allen Bereichen Ihres Lebens dem Glück und der Freude zu öffnen. Sie sind willens zu erlauben, dass Ihr höchstes Gut zu Ihnen kommt.

⊕ Während Sie diese Schwelle überschreiten, nehmen Sie ein goldenes Licht wahr.

Vor Ihnen auf dem Weg steht ein Engel der Fülle. Nehmen Sie sich einen Moment Zeit, um diesen Engel zu betrachten. Erkennen Sie, wer vor Ihnen steht? Fragen Sie den Engel nach seinem Namen. Dieses Wesen ist hier, um Sie auf Ihrem Weg der Fülle zu begleiten. Gemeinsam mit diesem Engel der Fülle gehen Sie weiter. Vielleicht möchten Sie sich dabei Ihre Umgebung näher anschauen. Es kann sein, dass Sie das leise

Klingen von Glocken hören, die sanften Töne einer Harfe, den ruhigen Schlag einer Trommel oder das friedliche Plätschern von Wasser. Lassen Sie zu, dass sich alle Ihre Sinne öffnen. Erfreuen Sie sich an den vielen Segnungen um Sie herum. Seien Sie dankbar dafür.

✣ In einiger Entfernung sehen Sie einen blühenden Garten. Während der Weg der Fülle Sie in das Herz dieses strahlenden Gartens führt, sehen Sie Strahlen von Sonnenlicht, die durch die Bäume auf die Blumen scheinen. Sie fühlen sich sicher, beschützt und voller Frieden. In der Mitte dieses Gartens sehen Sie einen kleinen Kreis von Kristallsteinen. Ihr himmlischer Führer fordert Sie auf, sich in den Kreis zu begeben. Die Kristalle sind groß genug, dass Sie darauf sitzen können. Vielleicht sehen Sie Sitze aus Peridot, Zinnober, Rosenquarz, Amethyst oder Jade.

Schauen Sie sich um und wählen Sie Ihren Sitz. Im Zentrum dieses Kreises liegt ein großer Stein aus Selenit.

Sie merken, wie der Stein zu leuchten beginnt und mehrere Engel der Fülle davor erscheinen.

Erzengel Jophiel, deren Name so viel bedeutet wie »Schönheit Gottes«, macht einen Schritt auf Sie zu und legt eine Hand auf Ihr Herz und die andere auf die Spitze Ihres Kopfes. Lauschen Sie jetzt auf die Botschaft, die Jophiel an Sie weitergibt.

Erzengel Jophiel stellt sich hinter Sie, während Erzengel Michael nach vorn kommt, um eine Hand auf Ihr Herz und die andere auf die Spitze Ihres Kopfes zu legen. Lauschen Sie jetzt der Botschaft, die Michael Ihnen gibt.

Erzengel Michael stellt sich hinter Sie, und Erzengel Raphael macht einen Schritt nach vorn, während er eine Hand auf Ihr Herz und die andere auf die Spitze Ihres Kopfes legt. Hören Sie jetzt, was Raphael Ihnen mitzuteilen hat.

Erzengel Raphael stellt sich hinter Sie, und Erzengel Metatron, der Engel des spirituellen Weges, kommt auf Sie zu. Er legt eine Hand auf Ihr Herz und die andere auf die Spitze Ihres Kopfes. Lauschen Sie auf die Botschaft, die Metatron Ihnen gibt.

Erzengel Metatron stellt sich hinter Sie, und Erzengel Raziel macht einen Schritt auf Sie zu. Er legt eine Hand auf Ihr Herz und die andere auf die Spitze Ihres Kopfes. Hören Sie jetzt die Botschaft, die Raziel Ihnen bringt.

Die Engel formen einen Kreis um Sie herum. Diese Engel der Fülle haben Sie auf Ihre Fülle eingestimmt, genau wie Sie darum gebeten haben. Danken Sie ihnen für ihre Hilfe, Unterstützung und Führung.

Sie werden Ihre Fülle jetzt empfangen, in allen Bereichen Ihres Lebens, in jeder Hinsicht, so wie es für Ihr höchstes Gut richtig ist.

Auf sanfte Weise wird das Licht der Engel der Fülle immer strahlender und hüllt Sie in Wärme, Sicherheit, Frieden, Liebe und Segnungen ein. Machen Sie sich bewusst, dass Sie diese Engel der Fülle jederzeit um Hilfe bitten können.

⊛ Indem Sie dieses Licht einatmen, sind Sie bereit, Ihre Aufmerksamkeit wieder der Gegenwart, diesem Ort zuzuwenden … jetzt.

Sowie es Ihnen angenehm ist, bewegen Sie langsam Ihre Zehen und Finger.

Wann immer Sie so weit sind, öffnen Sie Ihre Augen.

Es ist wichtig, nach einer Meditation wie dieser sehr liebevoll und sanft mit sich selbst umzugehen. Es ist nicht nötig, sofort aufzustehen und etwas Neues anzufangen. Sie haben nicht irgendwelche Zeit verschwendet, die Sie nun aufholen müssten, indem Sie in den nächsten paar Stunden doppelt so viel arbeiten. Eine Meditation wie die von Melissa ist eine Tätigkeit, die Sie verdient haben und die Sie sich selbst schuldig sind. Nehmen Sie sich die Zeit, sich zu entspannen, und die Botschaften, die Sie empfangen haben, in sich aufzunehmen.

ÜBER DIE AUTOREN

Doreen Virtue hat drei Universitätsabschlüsse in beratender Psychologie und ist seit ihrer Kindheit Hellseherin, die mit der Ebene der Engel arbeitet. Sie ist unter anderem Autorin der Bücher »NEIN sagen mit den Engeln der Erde« und »Engel-Detox«.

Doreen war Gast bei *Oprah*, *CNN*, *The View* und anderen Fernseh- und Radioshows in den USA, und sie schreibt regelmäßige Kolumnen für die Magazine *Woman's World* und *Spirit & Destiny*. Für weitere Informationen über Doreen und die von ihr geleiteten Seminare besuchen Sie bitte ihre Website: *www.AngelTherapy.com*

∂∘ ∂∘ ∂∘

Grant Virtue besucht zurzeit eine Krankenpflegeschule für seinen akademischen Abschluss in Krankenpflege, während er gleichzeitig als technischer Koordinator für die Angel University LLC tätig ist. Grant hat sich zeit seines Lebens mit Spiritualität beschäftigt. Er ist Autor des Buches »Living a Blessed Life« und schreibt gegenwärtig an seinem ersten Roman. Grant lebt mit seiner Frau Melissa in Florida.

Sie können ihn unter *www.GrantVitue.com* oder auf Twitter unter *@GrantVirtue* finden.

VON
DOREEN VIRTUE
SIND IN UNSEREM HAUSE
ERSCHIENEN

Neue Engel Gespräche　　　*Neue Engelgespräche*
Der Hunger nach Liebe　　　*Dein Leben im Licht*
Chakra Clearing　　　*Das Heilgeheimnis der Engel*
Kristall-Therapie　　　*Die Heilkraft der Engel*
Zeit-Therapie　　　*Die Heilkraft der Feen*
Die Zahlen der Engel　　　*Engel-Gespräche*

ထ ထ ထ

Doreen Virtue – Angel Reading (DVD)

ထ ထ ထ

Engel-Detox (CD)
Erzengel Gabriel (CD)
NEIN sagen mit den Engeln der Erde (CD)
Die Blumen der Engel (CD)
Engel-Worte (CD)
Engel der Erde (CD)
Maria – Königin der Engel (CD)
Meditationen zur Engel-Therapie (CD)
Erzengel Michael (CD)
Rückführung mit den Engeln (CD)
Das Geschenk der Engel (CD)
Himmlische Helfer (CD)
Die Botschaft der Erzengel (CD)
Die Engel der Liebe (CD)

Heilgeheimnis der Engel (CD)
Heilkraft der Engel (CD)
Die Engel von Atlantis (CD)
Medizin der Engel (CD)

Schutzengel-Tarot (Kartendeck)
Das Erzengel Tarot (Kartendeck)
Das Blumen der Engel Orakel (Kartendeck)
Das Traum-Orakel der Engel (Kartendeck)
Das Engel der Liebe-Orakel (Kartendeck)
Das Engel-Tarot (Kartendeck)
Das Lebensorakel der Engel (Kartendeck)
Das Erzengel Michael-Orakel (Kartendeck)
Das Engel-Therapie-Orakel (Kartendeck)
Das magische Orakel der Feen (Kartendeck)
Das Engel-Orakel für jeden Tag (Kartendeck)
Das Einhorn-Orakel (Kartendeck)
Das Orakel der himmlischen Helfer (Kartendeck)
Das Erzengel Orakel (Kartendeck)
Das Heilorakel der Feen (Kartendeck)
Das Heilorakel der Engel (Kartendeck)

Deine Engel für das ganze Jahr (Aufsteller)